青铜时代

青铜文化与艺术特色

肖东发 主编　张学亮 编著

中国出版集团

现代出版社

图书在版编目（CIP）数据

青铜时代 / 张学亮编著. — 北京：现代出版社，
2014.10（2021.7重印）
　（中华精神家园书系）
　ISBN 978-7-5143-3014-4

　Ⅰ . ①青… Ⅱ . ①张… Ⅲ . ①青铜器（考古）—介绍
—中国 Ⅳ . ①K876.41

中国版本图书馆CIP数据核字(2014)第236244号

青铜时代：青铜文化与艺术特色

主　　编：肖东发
作　　者：张学亮
责任编辑：王敬一
出版发行：现代出版社
通信地址：北京市定安门外安华里504号
邮政编码：100011
电　　话：010-64267325 64245264（传真）
网　　址：www.1980xd.com
电子邮箱：xiandai@cnpitc.com.cn
印　　刷：三河市嵩川印刷有限公司
开　　本：710mm×1000mm　1/16
印　　张：11
版　　次：2015年4月第1版　2021年7月第3次印刷
书　　号：ISBN 978-7-5143-3014-4
定　　价：40.00元

　　党的十八大报告指出："文化是民族的血脉，是人民的精神家园。全面建成小康社会，实现中华民族伟大复兴，必须推动社会主义文化大发展大繁荣，兴起社会主义文化建设新高潮，提高国家文化软实力，发挥文化引领风尚、教育人民、服务社会、推动发展的作用。"

　　我国经过改革开放的历程，推进了民族振兴、国家富强、人民幸福的中国梦，推进了伟大复兴的历史进程。文化是立国之根，实现中国梦也是我国文化实现伟大复兴的过程，并最终体现为文化的发展繁荣。习近平指出，博大精深的中国优秀传统文化是我们在世界文化激荡中站稳脚跟的根基。中华文化源远流长，积淀着中华民族最深层的精神追求，代表着中华民族独特的精神标识，为中华民族生生不息、发展壮大提供了丰厚滋养。我们要认识中华文化的独特创造、价值理念、鲜明特色，增强文化自信和价值自信。

　　如今，我们正处在改革开放攻坚和经济发展的转型时期，面对世界各国形形色色的文化现象，面对各种眼花缭乱的现代传媒，我们要坚持文化自信，古为今用、洋为中用、推陈出新，有鉴别地加以对待，有扬弃地予以继承，传承和升华中华优秀传统文化，发展中国特色社会主义文化，增强国家文化软实力。

　　浩浩历史长河，熊熊文明薪火，中华文化源远流长，滚滚黄河、滔滔长江，是最直接的源头，这两大文化浪涛经过千百年冲刷洗礼和不断交流、融合以及沉淀，最终形成了求同存异、兼收并蓄的辉煌灿烂的中华文明，也是世界上唯一绵延不绝而从没中断的古老文化，并始终充满了生机与活力。

　　中华文化曾是东方文化摇篮，也是推动世界文明不断前行的动力之一。早在500年前，中华文化的四大发明催生了欧洲文艺复兴运动和地理大发现。中国四大发明先后传到西方，对于促进西方工业社会的形成和发展，曾起到了重要作用。

中华文化的力量，已经深深熔铸到我们的生命力、创造力和凝聚力中，是我们民族的基因。中华民族的精神，也已深深植根于绵延数千年的优秀文化传统之中，是我们的精神家园。

总之，中华文化博大精深，是中国各族人民五千年来创造、传承下来的物质文明和精神文明的总和，其内容包罗万象，浩若星汉，具有很强的文化纵深，蕴含丰富宝藏。我们要实现中华文化伟大复兴，首先要站在传统文化前沿，薪火相传，一脉相承，弘扬和发展五千年来优秀的、光明的、先进的、科学的、文明的和自豪的文化现象，融合古今中外一切文化精华，构建具有中国特色的现代民族文化，向世界和未来展示中华民族的文化力量、文化价值、文化形态与文化风采。

为此，在有关专家指导下，我们收集整理了大量古今资料和最新研究成果，特别编撰了本套大型书系。主要包括独具特色的语言文字、浩如烟海的文化典籍、名扬世界的科技工艺、异彩纷呈的文学艺术、充满智慧的中国哲学、完备而深刻的伦理道德、古风古韵的建筑遗存、深具内涵的自然名胜、悠久传承的历史文明，还有各具特色又相互交融的地域文化和民族文化等，充分显示了中华民族的厚重文化底蕴和强大民族凝聚力，具有极强的系统性、广博性和规模性。

本套书系的特点是全景展现，纵横捭阖，内容采取讲故事的方式进行叙述，语言通俗，明白晓畅，图文并茂，形象直观，古风古韵，格调高雅，具有很强的可读性、欣赏性、知识性和延伸性，能够让广大读者全面接触和感受中国文化的丰富内涵，增强中华儿女民族自尊心和文化自豪感，并能很好继承和弘扬中国文化，创造未来中国特色的先进民族文化。

青云贵

2014年4月18日

鼎成中华——夏代青铜器

夏禹铸九鼎始治华夏　002

中期青铜工艺日趋成熟　008

青铜器从简单走向丰富　016

商彝千古——商代青铜器

026　早期青铜器进入全新阶段

035　中期青铜文化继续发展

041　晚期青铜文化不断创新

铸鼎铭文——西周青铜器

武王伐纣铸造利簋纪念　062

周成王建东都铸造何樽　072

周康王铸大盂鼎诫贪酒　077

中期青铜器除旧更新　082

继承发展的晚期青铜器　092

鼎食钟鸣——春秋战国青铜器

104 春秋早期诸侯青铜器兴起

112 春秋中晚期流行蟠螭纹青铜器

123 战国早期青铜纹饰达到新高峰

134 战国中晚期青铜器大量出现

重器瑰宝——秦汉及后青铜器

秦朝体现帝王气概的青铜器　140

汉代青铜器彰显匠心独运　147

汉代以后珍稀的青铜精品　156

夏代青铜器

青铜器贯穿了中华民族的整个文明史，形成了独具特色、丰富多彩的青铜文化，在历史上占有重要的地位，是我们中华民族的瑰宝。

夏代青铜器已经开始走出新石器时代青铜器制造的原始阶段，其大量的礼器和兵器形成了我国青铜器造型的基本格局，神秘的兽面纹开启了我国青铜器纹饰的主体图案，庄严厚重的审美感受更是代表了我国青铜器的整体艺术风格，这些均为商周青铜器艺术鼎盛时期的到来作了必要的铺垫。

夏禹铸九鼎始治华夏

我国使用青铜器的历史相当久远，可以远溯至夏商周之前。青铜器古朴凝重，造型典雅，是我们祖先的智慧结晶。青铜器在铸造工艺方面有自己的特殊传统，造型丰富、品种繁多、面貌各异、精品迭出，有很高的科研价值。

早在6500多年前，陕西省临潼姜寨的仰韶文化先民铸造出了第一块铜片。随后，从马家窑文化到龙山文化时代，先民们又遗留下来了陶寺遗址的铜铃，登封王城岗遗址的残铜片、坩埚残片等。

我国发现最早的青铜器是马家窑文化的青铜刀，距今约4800年。

在甘肃、青海距今4000年

夏代铜器

的齐家文化时代，人们则开始冶铸或冷锻出铜刀、凿、锥、钻头、斧、匕、指环以及小饰件和镜子等铜器。被确认最早的3件铜镜属齐家文化，它们的制作较粗糙，但是青铜镜已无疑问。

这些均显示了我国文化由"铜石并用时代"向"青铜时代"的缓慢过渡。

夏代是我国第一个进入阶级社会的奴隶制国家，人类文明已由石器时代步入了青铜时代。

■ 夏朝象征权力的鼎

这时，青铜器工艺在总结新石器时代器物制造经验的基础上取得了长足的进步。偃师二里头遗址和夏县东下冯遗址这一片独特面貌的早期青铜文化区域，同我国历史记载的夏王朝统治的范围大致吻合。

根据在偃师二里头夏代遗址中所发现的夏代铸铜作坊和青铜器物来看，这一时期的青铜二里头文化中的铜牌饰器已经出现了礼器、兵器、生产工具、乐器和装饰器五大类型，而在贵族墓中发现的青铜器主要是礼器和兵器。

可以说，夏代贵族墓中出现的礼器和兵器，奠定了我国青铜器以礼器和兵器为主的构架模式。传说夏禹铸九鼎，从此我国历史上才有了"定鼎""问鼎天

仰韶文化 我国黄河中游地区重要的新石器时代文化。据传说，神农氏时代结束以后，黄帝、尧、舜相继即位，一些关于他们的传说在仰韶文化遗址中大致有迹象可寻，因之推想仰韶文化当是黄帝族的文化。

青铜时代

青铜文化与艺术特色

夏禹　姒姓夏后氏，名文命，后世尊称其为大禹，夏后氏首领。禹治黄河水患有功，受舜禅让继帝位。禹是夏朝的第一位天子，因此后人也称他夏禹。他是我国传说时代与尧、舜齐名的贤圣帝王，他最卓著的功绩，就是历来被传颂的治理滔天洪水，又划定中国国土为九州。

下"和"一言九鼎"等说法。

大禹建立夏朝后，在以前先王子孙诸侯国林立的基础上，又分封了很多诸侯国，时间长了，有些诸侯不免离心离德。为了检阅天下究竟有多少诸侯国，维护夏朝和诸侯国的统属关系，大禹决定召开一次诸侯大会。因这时适值各方诸侯来朝，夏禹趁机举行郊祀之礼，众诸侯都留在了阳城。

祭毕，诸侯纷纷散开，然后又聚拢到一起。大家对于大禹深深不满。

一个诸侯说道："真是好笑，他向上天推荐皋陶，可是皋陶已经老病垂危，朝不保夕，哪个不知道？他要禅位于他，岂不是虚领人情吗？"

一个诸侯接着说道："我听说，夏禹的儿子启纠合了无数心腹之臣，想承袭王位。大禹哪里肯传贤人呢？"

后来不太满意的诸侯纷纷归去。

大禹郊祭之后，看见诸侯不服而去的有33国之多，心中不免纳闷儿。计算起来，不服之国以东、南两方为多。于是大禹决定在阳城东南的涂山尽早召开诸侯大会，以检讨自己的过失。

到了正式大会的日子，大禹穿了法服，手执玄圭，站在台上，四方诸侯按照他们国土的方向两面分列，齐向大禹稽首为礼，大禹在台上也稽首答礼。

礼毕，夏禹大声向诸侯说道："我德薄能鲜，不足以服众，召集大家开这个大会，为的是希望大家明白恳切的责备、规诫、劝喻，使我知过，使我改过。我胼手胝足，平治水土，虽略有微劳，但生平所最兢兢自戒的是个'骄'字。"

"舜帝也经常以此来告诫我说，'汝惟不矜，天下莫与汝争能；汝惟不伐，天下莫与汝争功'，如果我有骄傲矜伐之处，请大家当面告知，否则就是教我不仁啊！对大家的教诲，我将洗耳恭听。"

大家都明白禹受命于天，原本对大禹有意见的诸侯看到大禹这种态度，也都表示敬重佩服，消除了原先的疑虑。

这次大会，各方诸侯都带来了朝贺的礼物，大国献玉，小邦献帛，史书记载"禹会诸侯于涂山，执玉帛者万国"。

大禹对各诸侯又重加赏赐，并申明贡法，要求必须按照规则缴纳。同时，大禹也表示要竭力保护各诸侯国的权利，使其不受邻国的

■夏代管流爵

青铜文化与艺术特色

膜拜 古代的拜礼。行礼时，两手放在额上，长时间下跪叩头。原专指礼拜神佛时的一种敬礼，后泛指表示极端恭敬或畏服的行礼方式。今人多用"顶礼膜拜"形容对某人崇拜得五体投地。

侵犯。

涂山大会之后，诸侯们高高兴兴分道而去。大禹也率领群臣返回都城阳城。走到半路，忽然传来急报，说皋陶去世了，大禹听了，非常伤心，返都之后，就又改荐伯益于天。

这样，从前疑心的诸侯知道误会了大禹，就在坚决拥护大禹的同时，也积极进献各类贡品。

为表示敬意，各方诸侯常来阳城献"金"即青铜，后来，九州所贡之铜年年增多，大禹想起从前黄帝轩辕氏功成铸鼎，为了纪念涂山大会，就准备将各方诸侯进献的青铜，铸造成几个大鼎。

但为免诸侯责备，大禹经过深思熟虑，决定哪一州所贡之金，就拿来铸哪一州的鼎，将哪一州内的山川形势都铸在上面。

■ 夏朝角形假腹盉

并将从前治水时所遇到的各种奇异禽兽、神怪等一并铸在鼎上，使九州之百姓知道哪一种是神，那一种是奸。

又过了几个月，大禹已在位5年了。夏禹承帝舜之制，也是5年就巡视天下一次。

巡视回来后，气势磅礴的九鼎铸成，即冀州鼎、兖州鼎、青州鼎、徐州鼎、扬州鼎、荆州鼎、豫州鼎、梁州鼎、雍州鼎。鼎上铸着各州的山川名物、珍禽异兽。

九鼎象征着九州，其中豫州鼎为中央大鼎，豫州即为中央枢纽。九鼎集中到夏王朝都城阳城，借以显示夏王大禹成了九州之主，天下从此一统。九鼎继而成为"天命"之所在，是王权至高无上、国家统一昌盛的象征。

大禹把九鼎称为镇国之宝，各方诸侯来朝见时，都要向九鼎顶礼膜拜。从此之后，九鼎成为国家最重要的礼器。

夏朝细体爵

阅读链接

据史料记载，夏王朝初期就开始了铜器的铸造。"昔有夏后（启）使蜚镰折金于山川，而陶铸之于昆吾"，说明夏代建国之初就在各地开采铜矿，用来铸造兵器和礼器。

20世纪60年代以来，在夏王朝的国都遗址，即偃师二里头遗址的发掘中，不仅出土了许多青铜器物，而且还发现了铸造青铜器的作坊，从这些考古发现就可以看出夏代青铜手工业的进步和发展。

后来夏朝为商所灭，九鼎就迁于商朝的都城亳邑。商朝为周所灭，九鼎又迁于周朝的镐京。后来成王在洛邑营造新都，又将九鼎安置在洛邑，谓之定鼎。这就是所谓的"鼎在国在，鼎失国亡"。

九鼎作为镇国之宝、传国之鼎仅传三代。约2000年后，因周末战火频仍而神秘失踪，至今不知所在，成为千古之谜。

中期青铜工艺日趋成熟

除了禹铸九鼎之外，有关夏朝的史料上还有夏禹之子夏启炼铜的记载，说明夏朝中期，我国青铜器铸造技术已经趋于成熟，我国历史正式走进了青铜器时代。

夏代青铜器铸造手工业作坊遗址和青铜器的大量使用，是当时社会进入青铜器时代的重要标志，也证明夏代是我国青铜文化发展的重要阶段。夏代青铜器的纹饰，除了乳钉纹、圆饼纹和几何纹以外，就是牌饰上的兽面纹，它也是已知青铜器上最早的兽面纹。

夏代青铜制品的器类很少，主要以小件的工具和兵器为主，并且是仿照陶、木、蚌器制作的。二

夏代乳钉纹爵

里头发现的青铜器不多，都是一些小工具和兵器，如矢镞、戈、戚等，另外还发现了青铜礼器爵。

爵的整个数量虽然还不足10件，但在铸造史上却有着极为重要的意义。从铸造简单的兵器、工具到铸造容器，都是技术上的飞跃。

二里头的青铜礼器，仅限于饮酒器爵。其基本特点是，爵的流部狭而较平，尾短、无柱，或有柱状的雏形，底平。体较扁，下承三足。体形可分为长体束腰式、长体分段式及短体束模式等数种。

足有长短两类，长足为三角尖锥形，短足为三角段形，有些短足可能是使用时因损坏或腐蚀所导致。有的鋬做成镂空状。

夏代青铜器一般没有纹饰，但有些爵的杯体正面有一排或两排圆钉状纹饰，一些器物上也出现了简朴的云纹、弦纹和网纹。

除此以外，值得重视的就是镶嵌绿松石的牌饰了，牌上的兽面纹除两眼之外，其他部分都是抽象而不写实的。它也是已知的青铜器上最早的兽面纹。

如在二里头遗址发现的镶嵌圆铜器，此器直径17厘米，厚0.5厘米，器物的边缘镶嵌61块呈长方形的绿松石。再如在二里头一座墓葬中发现的长圆形兽面纹

■ 夏代青铜素面爵

云纹 我国古代青铜器上一种典型的纹饰。从周代中晚期开始，逐渐在楚地形成了以云纹特别是动物和云纹结合的变体云纹为主的装饰风格。基本特征是以连续的"回"字形线条所构成，作为圆形的连续构图，单称为"云纹"，与雷纹常作为青铜器上纹饰的地纹，用以烘托主题纹饰。

■ 夏朝圆底空锥足爵

铜牌饰，牌饰凸起的一面以绿松石粘嵌成异常精致的兽面纹图案。

这两件器物是我国所见到的最早的复合物质铜器，其熟练程度已经脱离了该种类技术的最初阶段，从中可以看出夏代的青铜铸造技术有了较大的突破。

除了传说夏禹铸九鼎，史料中更有夏禹之子炼铜的记载，而且在偃师二里头和洛阳东干沟遗址中也有夏代炼渣、炼铜坩埚残片、陶范碎片，这些也证明二里头已经有了冶炼和制作青铜器的作坊。

二里头遗址处于青铜时代初期。一般来讲，铸造实体器远远不如铸造空体器难，铸实体器只需要单扇范即可；而空体器的铸成不但要有外范，还要有内范才可。从发现的铜爵的铸造痕迹来看，当时已能采用多合范法了，充分代表了当时青铜铸造工艺的水平。

二里头的夏代青铜爵是我国发现最早的青铜容器，形体单薄，束腰，平底，细三足，流部和尾部都较长，个别的还在流与口的接合处有两个矮小的柱。铜铃形体不大，一侧还有一个近似半圆形的扉棱。

二里头青铜器的形体都较小，粗糙、单薄，说明青铜器的制作正处于初级阶段。尽管发现的这一时期的青铜制品数量不多，但它代表了新的生产力，在生产、生活及战争中所表现出的优点，远远超过石、木、蚌、骨器，起到了划时代的作用。

我国青铜器时代开始于夏代晚期，多发现于二里头遗址第三期，遗址与墓葬遗物除有陶、玉、石、骨、蚌器外，更重要的是有不少的青铜制品。河南西部地区属夏代晚期遗址，另外还有郑州洛达庙和上街、陕县七里铺、洛阳东干沟、临汝煤山、淅川下王岗等地。山西夏县的东下冯遗址、河南的新郑望京楼和商丘地区也有个别发现。

夏朝二里头青铜器在铸造技术和工艺水平上，较铜石并用时代已有重大突破和发展，这时除小件的实体器工具和兵器仍用简单的单扇范铸成外，铜爵等青铜空体器的制作变得更为复杂。

二里头遗址和墓葬发现的铜器成分，据测定，除少数为纯铜器外，大部分为青铜器。其中的一件爵，含铜92%，含锡7%；另一件爵，含铜91.89%，含锡2.62%，含铅2.34%；一件铜镢的成分为铜占91.66%，锡占7.03%，铅占1.23%。这些均表明当时就已能铸造出含锡量较大的青铜容器和工具了。

从某种意义上说，夏朝已经能冶铸铜、锡、铅元素的合金了。在二里头遗址宫殿基址的附近发现了多处手工业作坊遗址，其中以铸铜作坊遗址规模最大。

在这里发现的铸铜作坊遗址共有3处：一处位于宫殿区南部四区，面积达10000平方米以

夏代青铜尊

上。在这里发现了炉壁残块、铜渣块、范缝扉边铜块、陶范等。

炉壁用黏土制成，已烧成红烧土块里面有极少谷粒或植物叶痕，土质坚硬。内壁黑灰色，有的内壁保留一层或多层的铜痕。

陶范也用黏土制成，经过火的烧烤，胎内有谷粒或草叶痕，使用面敷有一层细泥，十分光平，陶范的背面阴刻有符号。在这里清理了4处较完整的铸铜工作面，其形状皆为长方形，最大长16米，宽6米左右。

陶范由许多层路土叠压堆积而成，每层路土内有若干片红烧土面和成片的铜绿锈。在路土层中，还有一些分布不太规则的柱洞，并夹有少量的铜渣、铜片、炉壁残块。

在这些遗址周围的灰坑中，则有更多的块状铜渣、小件铜器、炉壁残块、陶范碎片和黑色的木炭等。这些多是当年从铸铜遗址中清理出来倒入灰坑内遗存下来的。

陶范数量多，形体大，有的长或宽在10厘米以上。有大刀范，有单线条花纹范。从铸器的弧度看，直径为36厘米。有的炉壁可看出炉子的形象。夏代青铜器除极个别小件生产工具是出在洛阳遗址之外，绝大多数都是在偃师二里头遗址内发现的。

在二里头遗址中，小件生产工具基本上都是在遗址的灰坑之中发现的，而较大的兵器和礼器等则都是出土于二里头的中小型长方形呈竖穴土坑墓葬之中。

在遗址中采集的部分青铜礼器和兵器，很大可能是出自被破坏的墓葬之

夏朝青铜矛

中。铜器成组或与其他玉器同时出现的墓葬主要有下面8座：

遗址有铜铃、铜牌饰各一件。该墓位于宫殿区北面，墓底随葬品丰富，两件铜器放在北中部，大致位于墓主人的胸部。此外在墓室北部同时还出土有柄形玉器、玉管、绿松石管和漆器等。

位于宫殿北约550米遗址墓穴中，有铜爵、铜戈、铜戚、圆泡形铜器和圆形铜器。与铜器同出的还有陶器、玉器、绿松石等。

墓中的随葬品有两件圆形铜器和玉钺、玉戈、绿松石饰、骨串珠及海贝等。

其余的随葬器则放在棺的上部和二层台上，铜爵与陶盉放在南边，圆泡形铜器、石磬放在北边，铜戈、铜戚放在中部东西两侧；铜戈、铜戚的附近各有一堆散乱的绿松石片。玉柄形态饰放在正中。

墓穴遗址还有铜爵、铜刀各两件。墓底中部有长方形腰坑。随葬有铜器和其他的玉圭、玉钺、陶爵、陶盉、陶盆等。

另一墓穴遗址还有铜爵一件。随葬还有玉石器和陶器等。铜爵与陶盉放置于北中部，柄形玉器在中部西侧，绿松石串珠置于南中部。

六区墓穴有铜斝、铜爵各一件。此处随葬品十分丰富，除两件铜器外，还有陶器、海贝、鹿角等。铜

戚 指按照尺寸从上至下、从大至小依次排列的战斧系列，也是斧钺的别称。引申义是亲属，因为古代氏族组织既是军事组织又是血缘组织，氏族首领也是军事首领，氏族首领的军权用斧钺体现，故兄弟氏族互相称为"戚"。

斝放置东南角，铜爵置西壁靠南，陶器簋、盉、圆腹罐、大口樽器盖等以及漆觚、玉柄形饰、海贝全都放置于北中部。

六区墓穴遗址还有铜爵、铜铃和铜牌饰各一件。随葬品除陶铜器外，还有陶器、玉器和漆器。陶器爵、盉、圆形陶片大部在南头，玉器圭、刀、戚、壁、管状器、柄形饰等。

六区另一墓穴遗址还有铜爵、铜铃、铜牌饰和铜刀各一件。随葬品除铜器外，还有陶器、玉石器等20件。

铜爵出在墓底西侧中部，铜铃、铜刀在墓底中心部位，铜牌饰在东侧中部。玉器刀、戈、柄形饰和石铲、绿松石片等都放在墓底或东西两侧的中部。陶器盉、簋、盆和贝壳、绿松石珠等均放置在北部，圆腹罐放于西南部。

五区墓穴遗址有铜鼎、铜斝和铜觚3件。

在青铜器的铸造技术上，大规模铸铜作坊遗址的发现，既表明二里头遗址的青铜器就是当地的，又说明夏代的青铜铸造业已经颇具规模；铜兵器中消耗量较大的远射程武器铜镞的出现，进一步说明当时青铜器铸造已经能够解决大批铜锡原料的供应。

从铸铜坊遗址坩埚和大熔铜炉的发现，表明当时的铸铜技术已进入冶炼与铸造分工的阶段，夏都铸铜作坊使用的铜应当是从外地冶炼

夏朝青铜戈

好运送来的。

遗址出土的圆形铜器和长圆形铜牌饰，其上的纹饰均是由绿松石镶嵌而成。这些镶嵌铜器是我国铜嵌玉石器物的代表，既反映了当时熟练的铸造工艺，又反映了当时熟练的金属镶嵌技术。

铜器化学成分的合金比例，铜锡含量的比例和后期相比，显然是铜多锡少，但是它说明了当时已初步掌握了铜工具铸造中铜、锡或铅的配制方法。

因为铜工具与铜容器的用途不同，它不仅需要有硬度，而且需要有抗张力；加锡或铅的合金就增加了硬度，但抗张力却减少了。生产工具的含锡、铅量如果超过25%，就容易破碎，没有使用价值。

■ 夏代十字纹方钺

阅读链接

夏代青铜器铸造手工业作坊遗址的发现和相当数量青铜器的出土，是当时社会进入青铜时代的重要标志，也是我国青铜器发展的重要阶段。

青铜比红铜熔点低，硬度高，可塑性强，可以根据不同需要制造出用途不同的多种器具。青铜器铸造在奴隶社会的经济文化的发展中起到了极大的推动作用，并且为我国夏代以后青铜器的发展奠定了雄厚的铸造技术基础。

青铜器从简单走向丰富

通过对夏朝后期青铜器以及铸铜遗址的发现和类别形制的分析，可以发现，夏代青铜器有几个特点。

首先，贵重的青铜器基本上都是出在形制较大、随葬品丰富的奴隶主贵族大墓之中，表明当时贵重的铜器手工业产品皆为奴隶主贵族所有。当时的青铜铸造掌握在奴隶主贵族手中，夏代偃师二里头遗址铸铜作坊应当是由王室官吏经营管理的。

其次，夏代青铜器的种类主要是礼器和兵器，表明在奴隶制度下的夏代铸铜手工业生产主要是用来满足奴隶主贵族的需要。

夏代陶盉

陶盉 （酒器）
夏代（公元前2070～前1600年）
偃师市二里头出土

在我国奴隶制国家里，奴隶主认为，"国之大事，在祀与戎"，目的是使奴隶主的利益通过祭祀得到祖先和神灵的保护，又通过战争来扩充土地，掠夺更多的财富，并用武力来镇压奴隶的反抗。

因此，在奴隶主控制下的铸铜手工业必然是用来为他们的利益服务，主要生产奴隶主贵族作为祭祀用的礼器和打仗用的兵器。

再次，从铜器出土的数量、种类和器形来看，夏代铜礼器的组合十分简单，主要是以铜爵为主，在发现铜礼器的11座墓中，就有9座有铜爵，而且在两座墓中发现铜爵各两件。

在墓中铜爵都是单独出现，只有一例是爵与斝相组合。另外也有单独一件斝或一件盉的，也见有一座为鼎、斝、觚3件相组合的。

另外，夏代青铜器造型一般比较简单，不少小件的生产工具和兵器，如扁体四棱的铜锥、短小扁薄的铜刀、锥形和圆叶形的铜镞、上端无銎的铜凿、铜锛等，均应是仿制石骨蚌器而做成。

同时，夏代铜礼器的器壁极薄，其型制仍处于原始的雏形，如束腰平底爵、圆腹平底空心锥足鼎、束腰平底或圆底空心锥足斝等，均是同类铜器中最早的形式。夏代铜器未见铭文，大多数都为素面，只见有

■ 夏代陶鼎

礼器 我国最早的礼器出现在夏商周时期，主要以青铜制品为主。礼器是陈设在宗庙或者是宫殿中的器物，常在祭祀、朝聘、宴飨以及各种典礼仪式上使用。除此之外，礼器还用来显示使用者的身份和等级。

夏朝乳钉纹斝

部分铜器上有简单的纹饰。

偃师二里头遗址的夏代青铜器总计约有60多件。按其用途大致可分为礼器或容器、兵器、生产工具、乐器和装饰器5类。

从种类看，已较铜石并用时代有了极大的丰富。其中青铜礼器包括有鼎、斝、盉、爵4种。

遗址有青铜网格纹鼎一件，圆形，敛口，折沿，鼓腹，平底；环形立耳，3条四棱空心锥足。腹饰带状网纹。器壁较薄，壁内一处有铸残修补痕。口径15厘米，底径90厘米，壁厚0.15厘米。此鼎是我国最早的铜鼎，对研究青铜鼎的起源有着重要的意义。

再有铜斝3件，均做敞口，束腰，鼓腹，侧附半环形耳，三空心锥足，口沿立两矮柱。根据底部的不同可分为两式：

一式为圆底斝，圆腹，圜底，口沿柱做齿状。口径14.5厘米至14.8厘米，腹径8.9厘米，高27厘米，壁厚0.2厘米；短颈，腹外撇，底部外凸，较细，口沿没小柱。腰部饰细凸线纹4周，并相间圆圈纹3周。

另一式为平底斝，体瘦高，腹外撇，宽平底，半圆形空心锥足，口沿两柱作三角形锥状。

从整体观察，斝的器鼓腹部分似乎归属于三足部分，3个锥形足与器腹相通，这是由于那时期铸造技术还没有解决内范悬空的能力，其实是一种缺陷，但也成为育成期铜器特点之一。在口沿部分设置一对柱，柱为三棱形，整体似钉。内口沿有一圈范线，口沿也经过加厚。其鼓腹部位出现圆突的圆形装饰，这是火纹的滥觞。

青铜时代

青铜文化与艺术特色

遗址还有铜盉一件，肥头瘦足，头做圆顶平底，顶部有椭圆形口，口下有扁平带镂孔的半环形，对应一侧有管状流，下有3条三棱形空心锥足。此盉是铜盉中的最早形式，时代属夏代晚期。

另有铜爵11件，均做出了长流尖尾，束腰平底，侧有扁平形，下有棱形实足。

器体较矮，流比尾略低，底腰呈椭圆形，三足规格不一，两足三棱形，一足四棱形。流尾长14厘米，高12厘米。

还有一件流尾略上昂，足做较细的三棱锥形，微向内敛，上有镂孔。流尾长14厘米，高15厘米。

还有的流尾细长，略微向上，口沿处两柱作锥形，腹明显外撇，三足作细长的三棱锥状。腰侧扁平扳饰条形镂孔，腹部一面有两道宽凸线，中间排列5个乳钉。

还有两件流细长上昂，腹外鼓。上部有长形镂孔，腹部饰有镂孔4个，其四周隆起如兽眼。

再来看看两件铜角，为带管状流的爵。一件发现于河南洛阳洛宁，凹弧形敞口，两尖尾上翘，体扁圆形，束腰平底，宽扁半环形和管状长流，底下有三棱形锥足。

另一件敞口呈凹弧形

盉 古代盛酒器，是古人调和酒水的器具，用水来调和酒味的浓淡。盉的形状较多，一般是圆口，深腹，有盖，前有流，后有鋬，下有3足或4足，盖和鋬之间有链相连接。青铜盉出现在商代早期，盛行于商晚期和西周，流行到春秋战国时期。

■ 夏代青铜爵

兽面纹 我国古代青铜器上常见的花纹样式之一，是古人融合了自然界各种猛兽的特征，同时加以自己的想象而形成的，其中兽的面部巨大而夸张，装饰性很强，常作为器物的主要纹饰。兽面纹有的有躯干、兽足，有的仅有兽面。

两端尖锐，口沿有加厚唇边，器身狭长呈扁形，底部有假腹，腰侧有扁形，腹上有一斜置的管状流，流上有钩形棱脊。假腹下设有3个三棱形锥足，其上有一周圆孔装饰，好似连珠纹。

爵和斝、盉构成了所谓夏代酒器组合，萌生期铜器器壁普遍较薄，这样可以节省贵重的青铜原料。

而有一件管流爵三足残缺，与一般铜爵不同，此器一侧斜置一流，流上有两个曲尺形装饰物，没有一般的狭流，敞口，两端呈翼形，靠近管流一侧略高。口沿略厚，防止使用时破裂。

这件铜爵器錾特大，平底，设置了有一排圆孔的假腹。腹上饰有弦纹和乳钉纹，这一时期的乳钉纹很特殊，为实心，区别于后期与此相似的空心连珠纹。管流口部水平线低于器口，这样液体会自主溢出。从痕迹来看，管流前端断缺，可知管流应该更长。

在河南洛宁发现的管流爵，却没有设假腹，足与器体连接处有突出的铜块。在湖北黄陂盘龙城另发现一件兽面纹单柱管流爵，管流设置在流口部，前端也有所残缺，可知管流爵并不用于吮吸饮酒，应用于灌酒或倒酒之功用，这给早期爵的用途研究提供了宝贵资料。

■ 夏代管流爵

■ 夏代青铜盾

从这些青铜器管流观察来看，可以看到范线，证明采用分范铸造法，已经比较先进。夏朝青铜乐器只发现铃一种，装饰品有铜牌饰和圆形器两种。

铜铃均做成上大下小的筒形，平口，顶附半环钮，侧有竖扉棱。近口部有凸弦纹一周。

铜牌饰均做成长圆形，中间做成一面略凸的镂孔，两侧各附两个半环钮，以不同的绿松石片镶嵌排列成精巧的兽面纹。中部束腰，近似鞋底形，兽面纹鼓目，卷云竖眉，圆鼻。

有的做成圆角梯形，兽面弯眉，圆眼，尖鼻，嘴长利齿，身饰鳞纹，形象威武凶猛。

铜圆形器做成圆形，镶嵌绿松石。有的做成圆泡形，周沿较平，中间隆起，沿上附对称的小圆孔，并镶嵌绿松石，隆起部分有草席痕。

有的做成正圆形薄片，一面以长方形绿松石镶嵌形似钟表刻度的图案，中间两圈各12个"十"字形。

这些器物属于夏代晚期，都是用绿松石镶嵌装饰

乳钉纹 古代常用的纹饰之一。也是青铜器上最简单的纹饰之一。纹形为凸起的乳突排成单行或者方阵。另有一种，乳钉各置于斜方格中，以雷纹作地纹，称为"斜方格乳钉纹""乳钉雷纹""百乳雷纹"。盛行于商周时期，殷周之际，乳钉突出较高，周初有呈柱状的。

■ 原始青铜冠

仪仗 古代用于仪卫的兵仗。指帝王、官员出行时护卫所持的旗、伞、扇、兵器等。现指国家举行大典或迎接外国首脑时护卫所持的武器，也指游行队伍前列所举的旗帜、标志等。仪仗在神农时期始为仪仗，秦汉时期始为导护，五代时期始为宫中导从。

的铜牌饰，打磨非常精细，颜色较为统一，显然经过精心筛选。在粘贴时很可能采用的动物胶，比较牢固，几千年来只有很少一部分脱落。

透过脱落的部分可以观察到，松石片非常薄，这要花费很大工夫才可以做到。绿松石装饰工艺一直沿用整个青铜时代，常见于形制较小或者礼仪用器之上，是异常精美的装饰。

铜牌饰都位于墓主胸口左侧，应是较为珍贵的装饰品。另外，铜铃则位于墓主腰部，个中是否有联系，尚待研究。

夏代的青铜兵器有戈、戚、镞3种。

其中一件铜戈援中有棱脊，锋成三角形，援面由脊向刃斜抹，近刃处有一道细沟，十分锋利。内较窄，与援直角相接，中部有一圆穿镶嵌绿松石的凸起云纹。

另一件铜戈呈窄条形，援内相连无明显分界，戈身从内向援逐渐变窄，向前聚成尖锋，援中起棱脊，援面从脊开始向两侧斜抹，近刃处有一道细沟。锋刃十分锋利。内较平，前部安柲，中部有一个方穿，穿后有4道凸起的竖线，线后有4个较长的横齿。

铜戚做成长条形，横切面呈长椭圆形，刃部略外侈，形似长条窄身斧，内扁平，上有一方穿孔，内与身之间有向外伸出的齿形阑。

铜钺做成长方形，一端略宽为平刃，另一端中间略微凸起，饰带状的网纹一周，其下有一圆穿孔，宽6.1厘米，刃宽7.6厘米，残长3.5厘米，厚0.5厘米。

二里头的这件大钺援部接近正方形，有别于上下援部曲弧的形式。这样的大钺仅发现数例，大钺作为礼仪用器，仪仗用器，应该用柲穿束立起。

靠近内部之处设有两个长方形孔，用以拴系皮条，来捆绑长柲。如此重量的大钺想必其柲也是很粗大的。

夏遗址发现铜镞10余件，大致可分为：尖锥形镞，横切面呈梯形；圆叶形镞，铤做成三角锥形；双翼镞，圆脊，翼后有倒锋，长圆铤。圆脊，翼无倒刺，铤圆形粗大，身做成三角形，棱脊，两翼内凹，棱形铤。

夏朝青铜生产工具数量多，有锛、凿、刀、锯、钻和鱼钩6种。

在遗址中发现铜锛两件，均做成扁平长方形，一面刃。还有4件铜凿，均做长条形，一面刃。一件剖面呈梯形；一件通体呈方柱形，顶端有捶击痕。

此外，遗址还有铜刀9件，铜锯一件，扁平长方形，一端较窄，

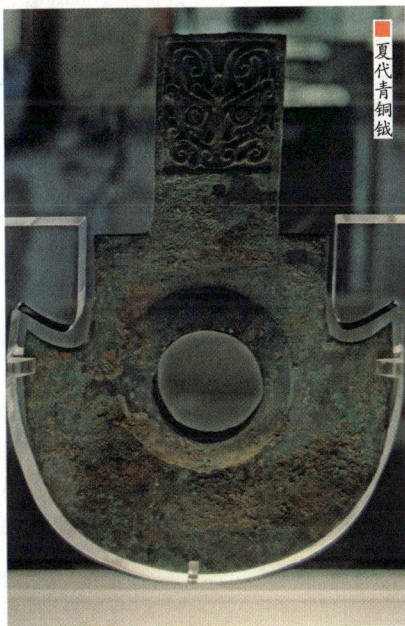

夏代青铜钺

下侧带锯齿；铜钻一件做成锥形，尖部锋锐；铜锥一件，体扁平，向一侧弯曲，四棱向聚成尖锋；铜鱼钩一件，由细圆锥的尖部弯曲而成，另一端凹下可以系线。

在遗址中发现的绿松石龙形器，在龙的腰部有一单翼铜铃，铃口内有玉质舌，夏代晚期铜铃已发现数例，都有单翼，是这一时期的特点。

经检测，二里头遗址青铜器的含铅量都比较高，这也可以作为断代依据之一。

除二里头以外，在山西省襄汾县陶寺遗址中发现的约公元前2100年至前1900年的陶寺文化中晚期夏朝铜齿轮形器，与玉璧叠摞在陶寺晚期小墓墓主手臂上，墓主胸前处有小玉璇玑。

铜齿轮形器设有实用传动功能的29个齿牙，引发了当时表现朔望月轮回功能的推测；也有人认为其为钏饰。

阅读链接

据铜齿轮形器的发掘者梁星彭、严志斌介绍，出土铜齿轮形器的墓主胸前放置一件小玉牙璧或称璇玑。

过去学术界曾经将牙璧视为天文观测仪器"璇玑"。后经考古学家夏鼐先生研究认为，牙璧不可能是天文观测仪器，越来越多的学者不再将牙璧视为天文仪器。但是陶寺牙璧乃玉璧出牙，有别于玉璧，一定有特定的象征意义。

有学者提出，"死者的胸脯上放了一个璇玑，其意为能通天、入地，璇玑就代替了人的心机"。

还有学者提出，牙璧的功能象征日晕，较大者应是人们遇旱时用以象征太阳神进行祷雨的神玉。

夏鼐先生则认为是"礼仪或宗教上的装饰品"。牙璧虽不可能作为天文观测仪器的机械传动或制动装置，但是应当有天文象征意义。于是认为陶寺佩戴铜齿轮形器的墓主生前的职业可能是从事天文历法相关工作的小吏。

商代青铜器

　　商代是我国青铜器的核心时期，是青铜时代波澜壮阔、光彩夺目的一页。商代早期的青铜器在郑州出土很多，这是因为郑州商城是商代早期的都邑。

　　从出土的青铜器来看，无论在造型设计、花纹装饰上，还是在铸造技术上较前代有明显的进步。此时期的礼器种类增多，器物纹饰主体已是兽面纹，并开始出现了铭文。

早期青铜器进入全新阶段

商代是夏朝之后的一个王朝，它的建立结束了夏末的纷乱局面，国家的力量进一步加强。

商朝从公元前1600年至公元前1046年，历时500多年，其中以盘庚迁殷为界而分为早期、中期和晚期3个阶段。

商朝早期指公元前16世纪至前15世纪中叶这一阶段，河南郑州二里岗文化的青铜器是商代早期的代表，二里岗包含上、下两层堆积，文化内涵极为丰富。

与二里岗文化类型相同的遗址和墓葬多处，富有典型特征的如河

■商代戈父丁簋   ■商朝青铜簋

南省辉县琉璃阁墓葬、郑州白
家庄墓葬、郑州铭功路墓葬、
郑州张寨杜岭墓葬、安阳殷
墟第一期，河北省藁城台西商
代遗址与墓葬，北京平谷刘家
河商墓，湖北省黄陂盘龙城商
墓，江西省吴城，山东省大辛
庄，河南省偃师等地，也相继
发现了同期青铜器。

　　与夏朝偃师二里头的青铜
器相比，商朝早期的青铜器发
展到了一个全新的阶段，不论在造型设计、花纹镂
刻，或是工艺技术上都有了飞跃性的进步。

■ 商代妇好爵

　　此时青铜礼器占主导地位，成为青铜时代最主要
的象征。并且通常是成套的，表现了当时礼制的发展
和国家机器的加强。商代早期的青铜工艺已经相当成
熟，铸造水平较高，但传世品较少。

　　综合各地商代早期青铜器物来看，一般包括鼎、
大鼎、大方鼎、鬲、簋、爵、管流爵、斝、觚、罍、
提梁壶、瓠形提梁壶、中柱盘、平盘等，涉及饪食
器、酒器和水器等门类。较早的器类都比较简单，但
是爵、觚、斝组合而成的一套酒器已被普遍使用。

　　二里岗下层的青铜器，器壁普遍很薄，火蛇纹
鼎。二里岗上层的青铜器，有的器壁已经相当厚重。
此时期器物的体积也有所增大。

　　商代前期青铜器较二里头时期在器物种类上已相

殷墟 我国商代后
期都城遗址，位
于河南省安阳市
殷都区小屯村，
横跨洹河两岸。
商代从盘庚到帝
辛，在此建都达
273年，是我国历
史上第一个文献
可考并为考古学
和甲骨文所证实
的都城遗址。

商代兽面纹爵

当丰富了，是二里头时期所不能比拟的。二里头时期只发现了少量的几种爵、斝、铃等空体器，大部分都是小件的实体工具与武器，另外还有装饰品。

二里岗时期的青铜制品种类一般都是先前所没有的，例如：食器主要有鼎、鬲、甗、簋；酒器主要有爵、觚、斝、樽、罍、盉、卣；水器主要有盘、盂；兵器与工具主要有戈、矛、戟、钺、镞、刀、锛、凿、斧、锯、鱼钩等。

商代早期青铜器具有独特的造型。鼎、鬲等食器三足，必有一足与一耳成垂直线，在视觉上有不平衡感。鼎、斝等柱状足呈锥状和器腹相通，这是由于当时还没有掌握对范芯的浇铸全封闭技巧。

商代早期的方鼎巨大，容器部分做正方深斗形，与殷墟时期长方槽形的方鼎完全不同。爵的形状承继二里头文化式样，一律为扁体平底。流部都是狭而长的形式。青铜斝除平底形的以外，还出现了袋足斝。

商代早期的青铜觚、樽、瓶、罍等圈足器皆有十字形大孔，比如，二里岗上层的青铜器十字形都成大方孔的；有的更在圈足的边沿，留有数道缺口，如在郑州和黄陂盘龙城都发现过这种实例。

同时，管流斜置于顶上的半封顶袋足盉，后侧有一大鋬可执，在这一时期内颇具特色。罍皆狭唇高颈有肩，形体也偏高。商代早期壶有提梁的有长颈小口鼓腹形和小口体呈悬弧形的两种，也有小口器矮颈且不设提梁的。

商代早期青铜器一般胎质较薄、纹饰简单质朴，大多是宽线和细线组成的变形兽面纹，以粗犷的勾曲回旋的线条构成，全是变形纹样，除兽目圆大以为象征外，其余条纹并不具体表现物象的各个部位，展现了二里岗时期青铜文化特点。

此外，这个时期纹饰的另一个特色就是多平雕，个别主纹出现了浮雕。

如樽、罍等器肩上已有高浮雕的装饰。所有的兽面纹或其他动物纹都不以雷纹为底，是这一时期的特色。商代早期的几何纹极其简单，有一些粗率的雷纹，也有单列或多列的连珠纹，乳钉纹也已经出现。

这一时期的铜器装饰，从整体而言有着简单质朴的作风，多是单层没有底纹，常见的饕餮纹常是由两个相对的夔纹所组成，并且常以圈带纹作为饕餮纹上下的界线。有的兽面纹更简单，仅在扉棱两侧各铸出一圆点代表饕餮的眼，扉棱代表兽面的鼻。也有的将

■ 商代妇好三连甗

■ 商代兽面纹鬲

夔做成同向的格局，特别是突出夔的眼目。

这时还有单以夔纹为饰的，如黄陂盘龙发现的钺，钺体两侧和上端均饰夔纹。另外还有云雷纹、圆涡纹、乳丁纹、直行弦纹和人字形弦纹、鱼纹、龟纹、虎纹、蛇纹等。

同时，商代早期的青铜器，极少有铭文，以前认为个别上的龟形是文字，实际上仍是纹饰而不是文字。

但其实这时铭文已有萌芽。郑州白家庄发现的一件铜罍，肩部饰有3个龟形图案，该图案应是"黿"字，是氏族徽号。

另外还有一件铜鬲，鬲上有一"亘"铭，应是罕见的商代前期的青铜器铭文。

商代早期青铜器的合金成分经测定：含铜量在67.01%—91.99%，含锡量在3.48%—13.64%，含铅量在 0.1%—24.76%，成分不甚稳定。但含铅量较高，使铜液保持良好的流动性能，与商代早期青铜器器壁

■ 商朝龙纹盘

■ 商代蟠龙纹盘之一

很薄的工艺要求是相适合的。

从一些完整墓葬中发现的商代早期青铜器来看，出现了不同种类器物的相互组合，这种组合常常形成一定的规律与模式，反映了当时人的生活习俗和一定的礼治意义。

以河南地区的商代早期墓葬为例，郑州白家庄2号墓有铜质鼎、斝、爵、罍、盘及象牙觚，而这一时期一些墓葬铜觚与铜爵同出，2号墓无铜觚，而有象牙觚，在组合上象牙觚代替了铜觚是很清楚的。

琉璃阁203号墓铜制品仅有一件爵，但还随葬一件陶质觚，由此可见爵、觚在组合上常常是联系在一起的。这一时期组合形式的萌芽，为以后青铜礼乐器的发展提供了习俗和思想意识上的基础。

商代青铜冶铸业是先前所不能比拟的，最能反映商代前期冶铸技术水平的是郑州张寨杜岭发现的两件铜鼎，均为斗形方腹，立槽耳，四柱足，腹表每面左、右、下的边侧饰乳丁纹，腹部上端饰兽面纹，器的整体谐调平稳。

夔纹 是我国青铜器上的装饰纹样之一。夔是神话中形似龙的兽名，一说为龙纹、蜗身兽纹，主要形态近似蛇，多为一角、一足、口张开、尾上卷。常施于簋、卣、觚、彝和樽等器皿的足、口的边上和腰部作装饰。盛行于商和西周前期。商代的夔身短，做单独纹样构成的较多。

■ 商代父己方鼎

1号鼎通高1米，重约86.2千克；2号鼎通高0.87米，重约64.25千克，形体之大是这一时期所罕见的。

在郑州发现的一处铜器窖藏有两件与前者在造型与花纹上都相似的大方鼎，从而表明铸造这种方形大鼎在当时已不属于个别，足见其铸造水平。

这一时期青铜器物的造型虽然多仿制陶质等其他质料的器物，但不是单纯的模仿，而是根据青铜质料和色泽特点进行再创造。

鼎基本上有3种形式，圆形、分档和方形。圆形鼎基本上又有两种形式，圆腹锥足与圆腹扁足。但在河南郑州商代窖藏发现的重约33千克的饕餮纹大圆鼎，三足从上向下收缩，着地处做成平面式，这是这一时期鼎足形制较为特殊的一种。

鼎体一般均做深腹，足为中空式，两凹槽立耳，但也有无凹槽的。尤其特殊的是，一耳与一足相对应，另一耳则在两足中间，是商早期鼎器的重要特征，有别于以后的每耳均对应一足的特点。

而其他早期青铜器中，鬲腹多呈分档袋足状，三空锥足，颈内凹，两直耳。甗与簋少见，甗合铸，口沿有双耳和无双耳，甑体下收，鬲为分档袋足状。

如在黄陂盘龙城发现的两件簋，均做深腹，有较

■ 鬲　饪食器和礼器。流行于商代至战国时期。商代鬲的造型仿新石器时代陶鬲制成，器身较高，两直耳立于口沿上，侈口，圆腹，腹下部做成中空的袋状，以便烹煮时扩大受火面积，腹底有3个锥形短足，花纹简单。商中期后，鬲身开始装饰精美的花纹。商晚期至西周时，器身也由竖高向横宽发展；还有方鬲，下部有门可以开合。

高的圈足，一件无耳，另一件腹部有一双较宽的兽耳，可见在商代前期簋中已有有耳与无耳的区别了，至少这两种形制的簋是并行发展的。

　　酒器中的斝，作平底或袋足状。爵腰内收已不明显，除双柱爵外，在流口上又出现了分叉的单柱爵。

　　开封有一件商代早期封口的斝，极新颖，这是斝造型上的一个特例。顶部有一斜立流的封口空足杯，改变了前人认为该种器形始于商代后期的传统观点。

北京市平谷区刘家河发现的铜盉，圆鼓腹，三足，有盖，有提梁，肩上一短流。罍呈圆腹或长圆腹，器肩上常有羊头饰，为商后期同类的大型器物找到了渊源。铜卣为长圆腹或圆腹，

■ 罍　商朝晚期至东周时期大型的盛酒和酿酒器皿，有方形和圆形两种形状，其中方形见于商代晚期，圆形见于商朝和周朝初年。从商到周，罍的形式逐渐由瘦高转为矮粗，繁缛的图案渐少，变得素雅。

圈足较高。樽为圆腹，大侈口，高圈足。

水器盘多做圆腹下收，折沿，高圈足，圈足上有镂孔。如北京市平谷区刘家河的一件铜盘，在盘口沿上还铸有二鸟柱。郑州的涡纹中柱盂，在盂底中心立有一柱，柱顶呈菌状。

此种特点的盂，是商后期如妇好墓的汽柱甑形器、侯家庄西北岗墓穴的旋龙中柱盂的先导。这种特点甚至在河北省平山战国中山国墓穴的鸟柱盆上也有所表现，盆中心一柱，柱头立一正在鸣叫的雀鸟。

青铜武器形制的情况是：戈，援狭窄，有上下栏，有的内部中心有一小穿孔。铜钺，体呈长方形，中一圆形孔，弧形刃。矛，体似柳叶形，中部起脊，靠近銎处有一对钩形钮。镞为双翼式。

青铜时代

青铜文化与艺术特色

阅读链接

商朝前期，青铜器铸造采用合范法。首先要制模。制模时，先用陶泥堆出一个范座。然后是翻范，就是将模放在其上，在模外直接敷上陶泥压实。这后敷上的陶泥就是外范。

待陶泥半干时，将外范切成几块，将外范取下阴干后用微火烘烤，这个过程叫制外范。而制内范是先将制外范用过的泥模，趁湿刮去一薄层。这刮下去的厚度，即所铸铜器的厚度，刮去一层的泥模就是内范。

合范就是将内范倒置于底范座上，再将几块外范置于内范周围，外范块与外范块用榫卯接实。合范后，要在上面制作封闭的范盖，范盖上做浇注孔和排气孔，以便浇注铜液和排出空气，防止阻塞铜液。接下来，就是将熔化的青铜液从浇注孔灌入。最后等青铜液冷却凝固后，将外范打碎，掏出内范，将所铸铜器取出。铜器铸好后，需要用砺石修平磨光，最后要用木炭进行擦磨抛光。

中期青铜文化继续发展

　　商代中期是指公元前15世纪中叶至公元前13世纪这一阶段，时间相当于中丁至小乙时期。

　　商朝早期与晚期文化分布中心分别在郑州、安阳两地。但商朝中期考古文化的中心则较为分散，反映了当时政治的不稳定。

商代亚编铙

商代夔纹鬲

青铜文化与艺术特色

云雷纹 是青铜器上一种典型的纹饰。其基本特征是以连续的"回"字形线条所构成。有的作圆形的连续构图，单称为"云纹"；有的作方形的连续构图，单称为"雷纹"。云雷纹常作为青铜器上纹饰的地纹，用以烘托主题纹饰。盛行于商代和西周，春秋战国时期仍有沿用。

在此间的几批青铜器发现后证明，这些器物不但具有某种商代早期的特点，有较多的演变，还有某些殷墟时期的特点。其代表有河北省藁城台西村遗址下层墓葬、北京市平谷刘家河商代墓葬、安徽省阜南和肥西地区、豫西的灵宝东桥等地区。

中期作品包括在殷墟文化一期的如小屯墓所发现的部分青铜器。但这类器物殷墟发现并不多，而其他地区的却比殷墟的更为典型、更为精美。

商代中期青铜器除了生产工具和兵器外，容器的种类比早期有所增加，主要有鼎、鬲、甗、爵、觚、樽、盉、壶、瓿、卣、罍、盘、簋、豆等。

爵尾与早期相似，但流已放宽，出现的圆体爵是前所未见的。甗除空椎状足外，出现了"丁"字形足，底多向下臌出，平底已少见。

早期出现的宽肩大口樽，此时才开始有较大的发展，如造型厚重雄伟的阜南龙虎樽和兽面纹樽是商代早期从未出现的。这个时期发展起来的还有瓿这类器形，如藁城的兽面纹瓿。

早期体形较高的罍，在这时发展为高度较低而肩部宽阔的式样，以巨型兽面纹罍为其典型。

这时的圈足器上的"十"字形和方形的孔，与早期的相比有所缩小。

鼎、鬲类器比较突出的变化是一耳不再与一足对立，形成不平衡状，而是三足与两耳对立，成为以后所有鼎的固定格式，但这时浇铸芯范悬封的方法还没有完全解决，因而中空的鼎足还有与器腹相通的情形。

商代早期从未出现的瓿这类器形，也是这个时期发展起来的，藁城的兽面纹瓿是其典型。

商代兽面纹鼎

商代中期出现用云雷纹衬底的复层纹饰，其设计和雕刻之复杂精细，是早期作品所无法比拟的。浮雕兽面纹也开始出现，但一般都比较圆浑，不似商晚期那般硬朗锐利。有的器体上开始用扉棱装饰，显得凝重雄伟。

纹饰分为两类：

第一类是二里岗变形动物纹的改进，原来粗犷的线条变得细而密集。一般如平谷的兽面纹鼎和肥西的斝与爵，而阜南龙虎樽和嘉山泊

商代青铜戈

商代杜岭方鼎

岗的主纹兽面纹已经较为精细，圈足上的兽面纹仍保持了早期的结构和风格。

第二类是出现了用繁密的雷纹和排列整齐的羽状纹构成的兽面纹。这类兽面纹往往双目突出。如果不是浮雕的话，无论是头像还是躯体都没有明显的区分。

商代中期的铭文没有太大的发展，也是处于萌芽阶段，一般器物也没有铭文，但是在个别器上发现铸有做器者本人的族氏徽记。

杜岭方鼎是商代中期最大的青铜礼器，用于祭祀、饪食。和商代后期以后母戊鼎为代表的方鼎造型相比，杜岭方鼎腹部过深，足相对较短，显得庄严感不足，耳和口沿也太单薄，尚有外范接合不严、部分纹饰有重叠的缺点。

杜岭方鼎采用多范分铸而成，鼎体巨大，造型浑厚庄重，口呈长方形，上立两次铸成的拱形立耳一对。深腹，腹壁微内敛，平底，下有4个上粗下细的空柱形足，器身四面和四隅各铸单线兽面纹一组。每面两侧与下部饰乳钉纹，足部也铸有饕餮纹与弦纹。

杜岭方鼎共两件。一件高1

商代多钩形青铜器

青铜时代

青铜文化与艺术特色

米，重86.4千克，方形，深腹，双耳四足，腹上部饰兽面纹，两侧及下部饰乳丁纹，形体质朴庄重；另一件稍小，高0.87米，重64.25千克。

鼎是古代烹煮、盛放肉食之器，早在8000年前就出现了陶制的鼎，当时作为一种日用炊具，用以煮饭。但其真正的发展高峰则出现在商朝和西周时期。

尤其是商代，以鼎为代表的祭祀用容器的制作最负盛名，它被视为祭祀天地和祖先的"神器"，并被笼罩上一层神秘而威严的色彩。

■ 三星堆青铜神树

杜岭方鼎的发现，开拓了人们对商代中期青铜工艺的眼界，它为商后期出现的后母戊大方鼎等在造型上开了先河。

三星堆遗址发现的商代青铜神树，通高3.96米，由于最上端的部件已经缺失，估计全部高度应该在5米左右。树的下部有一个圆形底座，3道如同根状的斜撑扶持着树干的底部。树干笔直，套有3层树枝，每一层3根枝条，全树共有9根树枝。

青铜神树所有的树枝都柔和下垂。枝条的中部伸出短枝，短枝上有镂空花纹的小圆圈和花蕾，花蕾上各有一只昂首翘尾的小鸟；枝头有包裹在一长一短两

三星堆遗址 是我国西南地区的青铜时代遗址，位于四川省广汉南兴镇。三星堆文明上承古蜀宝墩文化，下接金沙文化、古巴国，前后历时约2000年，是我国长江流域早期文明的代表，也是迄今为止我国历史上已知的最早的文明。

商代青铜器鸮卣

个镂空树叶内的尖桃形果实。在每层3根枝条中，都有一根分出两条长枝。

在树干的一侧有4个横向的短梁，将一条身体倒垂的龙固定在树干上。底座圈上3个拱形足如同树根，主干上3层树枝，均弯曲下垂，树枝尖端有花朵果实，其上均有立鸟，全树共9只鸟。

主干侧有一身似绳索的残龙。这株铸造于3000年前的青铜神树，极为壮观，真可算是独树一帜，举世无双。

商代中晚期的青铜器在冶炼、铸造技艺和艺术表现上都已经达到了高度成熟的地步，能够充分发挥青铜材料的特点，作品被赋予某种社会意识形态的功能。

阅读链接

1974年，杜岭方鼎由一个名叫袁海军的环卫工在挖土过程中挖出，地点为河南省郑州杜岭张寨前街，两件鼎分别收藏于中国国家博物馆和河南省博物院，其中第二件被誉为河南省博物院"九大镇院之宝"。

在我国，九鼎象征九州，是国家政权的象征。"桀有昏德，鼎迁于商，商纣暴虐，鼎迁于周"，此所谓定鼎中原，问鼎中原，三足鼎立也；周公制礼作乐，创列鼎制度，"天子九鼎八簋，诸侯与王朝卿士七鼎六簋，大夫五鼎四簋，士三鼎二簋"，此所谓明贵贱，辨等列，别上下也。

晚期青铜文化不断创新

商代晚期指公元前14世纪至公元前11世纪这一历史时期，其中河南殷墟遗址、墓葬发现的青铜器是商代晚期的代表。

另外从全国各地的青铜器来推断，青铜器冶铸业虽然是以王都为中心，但在各地奴隶主贵族统治下的都邑，也都设有大大小小不同的作坊。

殷商后期是我国古代奴隶社会的鼎盛时期，此时手工业中的青铜铸造业有了更大的发展，从二里头遗址看，在青铜器基础上发展起来的殷墟青铜器，不仅品类较全、形式多样，而且在造型设计和铸造工艺等方面都有较大的突破和创新，达到了我国青铜器发展史上的一个

商代亚址方觚

■ 商代青铜卣

武丁 姓子，名昭，我国商朝第二十三位国王，商朝著名的军事统帅。庙号为高宗。武丁在位时期，曾攻打鬼方，并任用贤臣傅说为相，妻子妇好为将军，商朝再度强盛，史称"武丁中兴"。

新高峰。

商代晚期从武丁后期至帝辛接近200年的时期内，又可分为殷墟时期的前、后两个阶段。

殷墟时期前段以在小屯墓穴中所发现的青铜器为代表，其他地区的以在山西石楼二郎坡、桃花庄、后蓝家沟和湖南宁乡黄材等地发现的青铜器为代表。

殷墟前段青铜器的器形有方彝，高颈宽口椭扁体壶，敞口束颈椭扁扇体觯、觥等。殷墟墓出土有"偶方彝"，偶方彝的外形似两方彝合体，内为一长方形槽。高颈宽口椭扁体壶口宽而椭扁，颈较高，腹部膨大，颈两侧有贯耳，下有圈足，有的有盖。

石楼桃花庄扁壶也大约风行于商代晚期的前段，到晚期后段就迅速消失了。

殷墟墓有一种敞口束颈椭扁体觯，有的无盖，颈部收缩都不是很小，有宽狭不同的做法；器多小型，也有做中型的。

另一种敞口束颈圆体似杯的觯，大约也在此时出现。上述两种觯在传世品中很多。

觥有做鸟兽形和圈足的两类。鸟兽合体造型的觥，前足与后足不相同，如妇好觥前为虎后为枭的合体，后母辛觥前为怪兽后为怪鸟的合体，另外还有一前为虎头后为鸭形而平喙的兽禽合体觥。

同时还发现有鸟兽形樽，如妇好鸟樽、湖南湘潭猪樽、醴陵象樽，都是前所未有的新形式。也有的设计成半容器半动物的式样，如双羊樽，中间是樽形，两侧为羊头，形状特殊。

值得注意的是，方器在这时大为发展。殷墟墓发现的有方爵、方斝、方樽、方罍、方壶、方缶等，而传世器中还有方觚、方觯，几乎主要的酒器都有方形。从整体上来看，虽然方器是很小的一部分，但却是富有特征的器物。

从商代中期就产生的器类，在本期内也有或多或少的变化，并且出现了一些新的式样。食器中鼎的变化较大，除了通常的式样外，新出现的形式有自器腰以上收缩、口唇外翻的鼎，这主要是中小型鼎。还有一种是容器部分很浅的柱足或扁足鼎。

袋腹似鬲的柱足鼎，俗称分裆鼎，是此时期流行的新式样，前段的特点是袋腹较深。晚期前段的方鼎都是槽形的长方状鼎，柱足粗而偏短，也有扁足方鼎。柱足和扁足方鼎在殷墟墓中都有典型的式样。

甗在商代早期黄陂盘龙城墓中发现有一例，之后再也没有见到过。晚

妇好 商朝国王武丁的妻子，我国历史上有据可查的第一位女性军事统帅。她不仅能够率领军队东征西讨为武丁拓展疆土，而且还主持着武丁朝的各种祭祀活动。因此武丁十分喜欢她，她去世后武丁悲痛不已，追谥曰"辛"，后人们尊称她为"母辛""后母辛"。

■ 商代晚期亚址觯

期前段有较多的发现，均做甗鬲连铸形，甗体都大而且深。

甗口部的做法有两种：一种自口至腹都为直壁，口沿处有宽阔且加厚的边条。如小屯墓中就有此种直壁甗；另一种口部侈大，殷墟墓有这类甗。前者大约主要流行于前段，后者成为固定的沿用式样。

妇好三联甗分左、中、右置于一箱形的釜上，是一种比较特殊的形式。

■ 商代晚期妇好方鼎

鬲这类器物不是特别流行，传世的有殷墟鬲，多为深袋足；安徽阜南月牙河发现的鬲，器颈处直而收缩，翻唇，也是深袋足。

簋在早期的黄陂盘龙城墓中曾发现过一件，为圈足双耳。晚期前段出现了无耳簋，这种簋形体比例较宽，圈足直而往往有小方孔，口微敛而翻唇。殷墟墓及武官村大墓都发现有无耳簋，后者比前者上口翻唇的曲度还要大。

无耳簋是在晚期前段较为盛行的式样，此时没有发现双耳簋。

爵、斝、觚仍是组合的酒器。扁体爵已大为减少，圆体爵盛行。觚的造型为颈部向细长发展，喇叭口扩大，斝鋬上开始有了较多的兽头装饰，三

■ 商代晚期父丁鼎

足有明显增高的趋势。

同时出现了圆体和椭方体不分段的斝，前者如殷墟武官北地墓圆体斝，后者如小屯墓的椭方体斝。

殷墟早期出现过的袋足斝，在晚期的前段又重新萌起。此时期内还出现了角，但很少，比如，在殷墟墓中发现有爵近50件，却未见有一件角。大型的酒器如大口有肩尊和罍或瓿，形体也都有所变化。

大口有肩尊，原来比例偏低的体形在这时有显著的增高趋势，有的圈足特别高，圆体的如殷墟墓发现的有司柬母尊，方体的如湖南宁乡出土的"四羊方尊"。但这种尊也只是流行于晚期前段，以后就逐渐减少。

瓿这种器形可分为两类：短颈和无颈合口，后者主要是这一时期出现的，并且有的有盖。山西省石楼后蓝家沟的百乳雷纹瓿、殷墟墓的妇好瓿及湖南省宁乡出土的兽面纹瓿，都是极为典型的式样。

但是瓿这种器类如同大口有肩尊一般，在商晚期后段基本上不再铸造了。袋足斜流半封口的盉仍有所发现，在安阳侯家庄大墓中发现的铸铭左、中、右三盉都是袋足方形盉，是一种形体较为庄重的祭器，但是袋足盉这类酒器也是越来越少了。

水器类盂是新出现的器形，如在小屯西北冈墓中发现有附耳盂，上有铭记载："寝小室盂"，器壁侈斜，是为盥洗用器。殷墟墓的盂直口翻唇，有附耳，并有对称的两系。

殷墟时期后段，由于青铜器上的铭文有所发展，根

商代晚期四羊首瓿

商代晚期兽面纹鼎

据内容记载可确定一批标准器或非标准器。这些器有小臣俞樽、戍嗣子鼎、小子茜卣等，都属于帝乙、帝辛时期。

体似觚形的无肩樽和椭扁体卣是此时期新出现的典型器物。安阳大司空村墓的卣都成组合；殷墟西区墓属于第四期，时代最晚，也有两觚形樽；小屯圆葬坑中有卣随葬。

前段的宽肩大口樽和后段的觚形樽，前段的高颈宽口椭扁壶和后段的提梁壶卣似乎表现出了一种兴衰的交替。

双耳簋在这个时期很流行，但容器部分还是与以前的神似，形体基本上为敛口翻唇形和敞口似碗形两种，双耳在口沿处下方，而且有垂珥。

有一种粗大双耳发达近口部或高于口部，并有长垂珥的簋，出现得更晚，无耳敞口簋仍继续使用。这一时期簋的圈足有增高的趋势，有的圈足下缘做出一道宽阔的边条以增加其高度。圈足上开孔的现象已基本消失。

商代晚期的青铜器纹饰最为发达，样式和种类也比中期的丰富得多，在艺术

商代晚期亚父丁簋

青铜时代

青铜文化与艺术特色

装饰方面呈现出高峰，与青铜礼器的高度发展一致。

此时，器物纹饰丰富多彩、繁缛富丽，以兽面纹和夔纹为主，还有鸟纹、象纹、蚕纹、蝉纹等。兽面纹饰只是纹样结构规格化的形式，所表现的物象很多。

此时的装饰特点是集群式，以多种物象或作为主纹或作为附饰布满器身，甚至视线所不及的器物底部也有装饰，有的一件器物上有多达10多种动物纹。

商代晚期御樽

商代晚期前段兽面纹中间的鼻准线，有的不接触下阑底线，兽吻常连成整体而中间不隔开；后段的兽面纹往往由于兽鼻尖通到下阑底线而被分割成两个部分。

就表现手法而言，商代中期纹饰的形体基本上还有象征性，除了炯炯有神的双目外，其余部分即使是较精细的图像，也是主干底纹不分、轮廓不清。

商代晚期动物形象比较具体，有的甚至还带有写实感，纹饰主干和底纹明显地区分开来。底纹通常是繁密的细雷纹，与主纹构成了强烈的对比。

纹饰的主体采用浮雕的现象很普通，同时采用平雕和圆雕相结合的手法，层次更加细腻丰富。有的浮雕表现出几个层次，而且一个层次做成一面高的坡形，这种层叠式的浮雕被称为"三层花"。

商晚期青铜器纹饰以动物和神怪为主题的兽面纹得到了空前发展，成了古代装饰艺术的典范。商代的青铜器矗立于奴隶制时代文化的巅峰，它的创造经验不但直接影响了当时各个不同的艺术门类，而且直接为西周前期所继承。

比如商代双面神人青铜头像，呈半人半神形象，反映了商代巫风盛炽的状况。

巫师的职责乃贯通天地，上天见神，使神降地。

商代双面神人青铜头像前后两面完全对称，一幅神秘诡异、威严慑人的面容，其半人半神的形象与通行于人神之间的巫师身份相符。

头像中空扁体，两面对称。人首造型，面呈倒置等腰梯形，额宽，顶圆，边直，颌方。眼眶窝凹，眼球突出，内开大孔。鼻梁修长，翼肥蒜状，两孔较小。嘴张齿露，中牙铲形，侧牙钩卷。上竖方管，旁安两耳，顶插双角。

顶上圆管插羽冠，下部方銎安装木柄，管銎相通。上管圆、下銎方的造型和古人天圆地方的

浮雕 是雕塑与绘画结合的产物，用压缩的办法来处理对象，靠透视等因素来表现三维空间，并只供一面或两面观看。浮雕一般是附属在另一平面上的，因此在建筑上使用更多，用具器物上也经常可以看到。

■ 商代晚期兽面纹觯

理念正合，暗寓着其贯通天地之功能。

还有发现于湖南省宁乡县黄材镇炭河里乡的禾大人面纹方鼎，通高38厘米，口长29厘米，宽23厘米。是唯一用真实人面作为装饰的铜器。

禾大人面纹方鼎长方形体、两直耳、4柱足。四角有较高的扉棱。整体颜色碧绿，器身外表四周饰形象相同的半浮雕的半人半兽的"超人"。

人面方圆，高颧骨，隆鼻，宽嘴，双目圆视，双眉下弯，双耳卷曲。人面周围有云雷纹，人面的额部两侧有角，下巴两侧有爪，躯干因器物平面表现的局限而隐去。

鼎腹内壁铸"禾大"两字铭文。此鼎器形雄伟，在装饰上又以人面为饰，更为独例。人面的形象极为奇异，给观者一种望而生畏、冷艳怪诞的感觉，是一件匠心独运的青铜器精品。

商、周青铜器以兽面纹作为主题纹饰较为常见，人面纹饰较为稀有珍贵，禾大人面方鼎以4个相同的人面纹装饰器体的主要部位，更加奇特。有人认为这组人面纹有爪而无身，属于传说中"有首无身"、贪吃人的凶兽饕餮一类的怪神。

也有人认为，这种人面纹浮雕大概与"黄帝四面"的传说有关，对应了古代文献中黄帝有四面的描述；也有人说，鼎内空间正好可安放一个人头，人面纹方鼎的4个"人面"，反映了古代"猎头"和祭祀

■ 亚鱼鼎

图腾 是原始人群体的亲属、祖先、保护神的标志和象征，是人类历史上最早的一种文化现象。运用图腾解释神话、古典记载及民俗民风，往往可获得举一反三之功。图腾就是原始人迷信某种动物或自然物同氏族有血缘关系，因而用来做本氏族的徽号或标志。

时使用首级的风俗。

总之，这个图像既不能纯粹归入人，也不能完全归为兽，姑且称之为"半人半兽"。半人半兽是我国史前图腾中最普遍的祖神崇拜表现方式，凝聚的是敬祖情结。

我国古代传说中的英雄或文化英雄、始祖无不在人的形象之外被加上神的力量与动物的器官，《山海经》一书就为我们留下了大量有关这些亦人亦神的始祖或英雄们的形象描述。

■ 商代晚期弦纹鼎

传说中半人半兽的形象，是兽的形体与人的智慧的结合。因此，最原始的半人半兽可能是某种族群传说中的祖先，也可能是某个部族的英雄，可以托名为真实的或传说的"历史人物"，也可能是凝聚了某种部族精神寄托的凭空创造出来的"文化英雄"。

人面方鼎表现的这个半人半兽，无疑是这个神系中的一位。人面方鼎铸造的时代，已是有国家的文明时代，图腾只是祖先留下的一个文化遗产或精神主宰而已，它到底见证、纪念了什么？

从艺术形式上看，禾大人面方鼎运用反复、对称的装饰手法，布局严密，写实与抽象纹饰结合。4组相同的纹饰集于一身，不仅强化了装饰主题，而且给人以视觉上强烈的冲击，达到特定的装饰效果，反映出商代晚期青铜器制作者已具备了较强的写实能力和形象概括能力。

禾大人面纹方鼎虽然配置了角爪，但都是象征性的，小到几乎可以忽略的程度。人的形象也和真人一般，与青面獠牙、半人半兽的人面纹饰相比，不但不显得可怕，还能给人以肃穆崇高的美感。

商代晚期的铭文有鲜明的时代特色，表示人体、动物、植物、器物的字，在字形上有较浓的象形意味。

以人体形象的文字为例，头部常做粗圆点，腿部呈下跪形状，这是一种美化手段，

■ 商代晚期大禾方鼎

商代子渔青铜斝

是郑重的表示；绝大多数笔画浑厚、首尾出锋，转折处多有波折。

字形的大小不统一，铭文布局也不齐整，竖画虽然基本上成列，但横画却不成排。

这些铭文反映了当时社会的家族形态、家族制度与宗教观念等重要问题，但其中一些深刻的内涵仍是人们无法确知的。

殷代青铜器中也有少数有较长的铭文，但时间已到了殷代晚期。这些较长的铭文内容多涉及商朝晚期的重要事情、王室祭祀活动、王室与贵族关系等，其中铭文中一些字词的含义，以及所反映的一些当时制度的状况，仍然所知甚少。

商代晚期鸟簋

商代晚期又发明了分铸法，即将青铜器分成多个部件，分别制出内范与外范，在铸主件时将铸件嵌入泥范中铸接合成。最适合制作体积较大、器形复杂的青铜器，如后母戊鼎。

后母戊鼎是商代后期王室祭祀用的青铜方鼎，是商朝青铜器中最重要的代表作。

商代后母戊鼎

后母戊鼎器形高大厚重，形制雄伟，气势宏大，纹饰华丽，工艺高超，又称后母戊大方鼎，高1.33米，口长1.1米，口宽0.78米，重832.84千克，四足中空。

后母戊鼎用陶范铸造，鼎体包括空心鼎足浑铸，其合金成分为：铜84.77%，锡11.44%，铅2.76%，其他0.9%。

鼎腹长方形，上竖两只直耳，发现时仅剩一耳，另一耳为复制补上，下有4根圆柱形鼎足，是世界上发现的最大的青铜器。

后母戊鼎是商王武丁的儿子为祭祀母亲而铸造的，用陶范铸造，铸型由腹范、顶范、芯和底座以及浇口范组成；鼎腹的纹饰有可能使用了分范；鼎耳后铸，附于鼎的口沿之上，耳的内侧孔洞是固定鼎耳泥芯的部位。

也有人认为鼎耳先于鼎体铸造，然后嵌入铸型内和鼎体铸接。

鼎身呈长方形，口沿很厚，轮廓方直，显现出不可动摇的气势。后母戊鼎立耳、方腹、四足中空，除鼎身四面中央是无纹饰的长方形素面外，其余各处皆有纹饰。在细密的云雷纹之上，各部分主纹饰各具形态。

商代后母戊鼎

鼎身四面在方形素面周围以饕餮作为主要纹饰，四面交接处，则饰以扉棱，扉棱之上为牛首，下为饕餮。鼎耳外廓有两只猛虎，虎口相对，中含人头。耳侧以鱼纹为饰。4只鼎足的纹饰也匠心独具，在3道弦纹之上各施以兽面。

据考证，后母戊鼎应是商王室重器，是商代青铜文化顶峰时期的代表作。

后母戊鼎的提手文饰同样精美。两只龙虎张开巨口，含着一个人头，后世演变成"二龙戏珠"的吉祥图案。一般认为，这种艺术表现的是大自然和神的威慑力。也有人推测，那个人是主持占卜的贞人，他主动将头伸入龙虎口中，目的是炫耀自己的胆量和法力，使民众臣服于自己的各种命令。

这完全是可能的。当时的贞人出场时都牵着两头猛兽，在青铜器上和甲骨文中经常可以看到这样的图案。

后母戊鼎形腹部铸有"后

商代晚期后母癸方樽

母戊”3个字，字体笔势雄健，形体丰腴，笔画的起止多显锋露芒，间用肥笔。铸造这样高大的铜器，所需金属料当在1000千克以上，而且必须有较大的熔炉。

另外比较有代表性的还有河南省安阳殷墟妇好墓的鸮樽，为一对两只，铸于商代后期，通高0.459米，外形从整体上看，为一昂首挺胸的猫头鹰。通体饰以纹饰，富丽精细。

商代晚期后母辛大方鼎

喙、胸部纹饰为蝉纹；鸮颈两侧为夔纹；翅两边各饰以蛇纹；尾上部有一展翅欲飞的鸮鸟，整个樽是平面和立体的完美结合。樽口内侧有铭文“妇好”两字。

在安徽阜南县发现的商代龙虎樽，高0.50米，口径0.45米，重约20千克，是一件具有喇叭形口沿、宽折肩、深腹、圈足、体形较高大的盛酒器。

龙虎樽的肩部饰以3条蜿蜒向前的龙，龙头突出肩外。腹部纹饰为一个虎头两个虎身，虎口之下有一人形，人头衔于虎口之中。虎身下方以扉棱为界，饰两夔龙相对组成的兽面。圈足上部有弦纹，并开有十字形镂孔。

龙虎樽纹饰的主题是“虎口衔人”。关于这一主题，有人认为：在这里，“人”应是那些奴隶，“虎口衔人”反映奴隶社会的残酷、恐怖。

而另外有人认为这应该是在表现一种巫术主题，青铜器在当时是十分重要的礼器，这样的纹饰应是巫师作法的情景纪实。张开的虎口在古代是分隔生死两界的象征，虎口下的人很可能就是巫师。

巫师在祭祀中通过老虎的帮助而表现出一种能够通天地、感鬼神的能力。这一时期最大的方樽是四羊方樽，属于礼器，祭祀用品，高0.58米，重近34千克，发现于湖南省宁乡县黄村月山铺转耳仑的山腰上。

四羊方樽器身方形，方口，大沿，颈饰口沿外侈，每边边长为0.52米，其边长几乎接近器身0.58米的高度。长颈，高圈足。颈部高耸，四边上装饰有蕉叶纹、三角夔纹和兽面纹。

樽的中部是器的重心所在。樽四角各塑一羊，肩部四角是4个卷角羊头，羊头与羊颈伸出器外，羊身与羊腿附着于樽腹部及圈足上。樽腹即为羊的前胸，羊腿则附于圈足上，承担着樽体的重量。

羊的前胸及颈背部饰鳞纹，两侧饰有美丽的长冠凤纹，圈足上是夔纹。

方樽肩饰高浮雕蛇身而有爪的龙纹，樽四面正中即两羊比邻处，各有一双角龙首探出器表，从方樽每边右肩蜿蜒于前居的中间。全体饰有细雷纹。

四羊方樽的四角和四面中心线合范处均设计成长棱脊，其作用是以此来掩盖合范时可能产生的对合不正的纹饰。据分析，四羊方樽是

商代妇好墓青铜鸮尊

用两次分铸技术铸造的，即先将羊角与龙头单个铸好，然后将其分别配置在外范内，再进行整体浇铸。整个器物用块范法浇铸，一气呵成，鬼斧神工，显示了高超的铸造水平。

四羊方樽集线雕、浮雕、圆雕于一器，把平面纹饰与立体雕塑融会贯通，把器皿和动物形状结合起来，恰到好处，以异常高超的铸造工艺制成。在商代青铜方樽中，四羊方樽形体端庄典雅是无与伦比的。此樽造型简洁、优美雄奇，寓动于静。被称为"臻于极致的青铜典范"。

还有一件羊父丁方鼎，鼎长方体，口沿外折，口上有双立耳，直壁，深腹，平底，腹下有4柱足。口下、腹部的四角及足上均有凸棱，

腹部中央饰勾连雷纹，左右及下方各饰3道乳钉纹，口下和足部饰兽面纹。器内壁上有铭文一行4字："做父丁羊。"即"为父亲丁做器"。"羊"为族名。羊成为青铜重器有独特的象征意义。

羊在祭祀礼仪中的地位仅次于牛，商代国都所

商代晚期雄双羊樽

在的河南省安阳小屯发现大量祭祀坑，最多的就是牛、羊、犬，商王武丁时期有一关于商王室对武丁祭祀的材料中说，"卜用百犬、百羊。"

另一材料中说，"十五羊""五十羊"，可见羊作为祭祀的牺牲用量很大。

羊外柔内刚也被引申出许多神圣的秉性，传说的始祖皋陶敬羊，《诗经·召南》中也有"文王之政，廉直，德如羔羊"的说法，我国古代一种独角怪兽獬豸也被认为与羊有关，能看出人是否有罪，能分辨是非曲直。因此，后世以独角兽表示法律与公正。

小臣艅犀樽制作年代约在帝乙、帝辛时期。据考证，我国古代黄河及长江流域的气候比较温暖湿润，当时广泛分布着犀牛和其他生活于热带亚热带的大型生物。据小臣艅犀樽推测，殷商人是见过犀牛的，否则不可能造出如此写实的作品。而且古生物的发现也证实了这一点，安阳殷墟、浙江河姆渡、广西南宁、河南淅川下王岗等地的遗址中都曾发现过犀骨的存在。此外，商代甲骨文中所称"兕"即为犀牛。至东周时代，长江流域仍生存着大量的犀牛。

商晚期三牛樽

小臣艅犀樽器高25厘米，器口开于背部，盖已失。整体造型为双角犀牛形象，几乎为圆球形，胖乎乎的，由4条粗壮的短腿支撑，憨态可掬；它的头部前伸，

两只圆睁的小眼，透着机敏与可爱；大嘴微张，就像是得意的微笑；两只夸张的大耳朵竖在头的两侧，好像在好奇地倾听着周围的声响。

小臣艅犀樽滚圆敦实、憨厚可爱的造型完全打破了人们以往对犀牛原本沉稳、威严的印象，让人们驻足观看的同时，也能够感受到一丝滑稽和幽默。

周身光洁不施纹饰。体积感很强，表现出犀牛蹒跚行进的动态，显得纯朴稚拙，妙趣横生。

■ 商代青铜器丙簋

牺牲 我国古代原指供祭祀用的纯色全体牲畜。色纯为"牺"，体全为"牲"。后用来指供盟誓、宴享用的牲畜。再引申为舍弃，或特指为正义事业舍弃生命。

羊 最民间化的象征意义便是"吉祥"，从汉代开始，羊就与吉祥联在一起，汉代瓦当、铜镜等铭刻中多见。吉祥有时直接写成"吉羊"。羊是带角的动物。角是许多民族尤其是原始民族崇拜之物，人类创造的神里许多带角，如我国古代战神蚩尤就是著名的带角的神与祖先。

商代青铜器云纹铙

犀牛自身躯体庞大笨重的感觉与作为容器的实用功能要求自然和谐一致。它表现出了商代艺术工匠在观察自然和提炼概括生活方面所达到的水平。

小臣艅犀樽有铭文4行27字："丁巳，王省夔京，王锡小臣夔贝，隹王来征人方。隹王十祀又五？曰。"铭文记述了商王征伐夷方的事情，有关这次战争也见于殷墟卜辞。

夷方是当时商朝封地外围的许多方国部落中的一个。这些方国有的臣服于商王朝，有的则称霸一方，同商王及其诸侯相对抗，双方经常发生战争。铭文中还记载了商王赏赐小臣俫夔贝。小臣俫的职务为奴隶总管，因为能得到商王的赏赐而感到很荣耀，于是制作了此器作为纪念。在商的晚期和西周早期，青铜冶铸业作为生产力发展的标志而达到高峰。

青铜时代

青铜文化与艺术特色

阅读链接

后母戊鼎是我国商周时期青铜器的代表作，新中国成立后，收藏于中国国家博物馆，是国家一级文物。重832.84千克，是世界迄今出土最重的青铜器，享誉"镇国之宝"。

此鼎初始被定名时，专家释读其上铭文为"后母戊"，然而随着更多同时期青铜器被发现，目前专家多认为应当释读为"后母戊"。但由于中小学历史课本的广泛宣传，目前后母戊鼎、后母戊大方鼎等名称更为有名。

西周青铜器

西周是我国古代铜器发展的重要时期。在此期间，青铜冶铸技术继续发展，铜器数量有较大的增长，但种类有一个较明显的淘汰和更新过程。西周时期有许多铸工精湛、造型雄奇的重器传世，且多有长篇铭文。

铭文是西周铜器的重要特征。西周铸铭多具系年记事性质，成为编年分期研究西周铜器的重要依据。其内容又多可与古文献相互印证，字体则直接构成古文字研究的依据，故西周铭文对于考古学、文字学和历史学等都具有珍贵的价值。

武王伐纣铸造利簋纪念

西周铜器的早期是商代铜器的继承发展期。此期虽有若干新的因素，但总体上商代铜器的传统仍然极为强烈，很难在商周之际划出截然的界限，具体断代只能分出商末周初式和西周早期式。

西周时代由于礼乐制度的发展，青铜器铸造业比商代更为兴旺发达，这时不但数量较商代更多，而且在青铜器铸造业上的许多方面都达到了更高水平。从青铜器本身特点上看，西周初年多沿袭商代后期特征。

可确定为西周早期各王室的重器很多。武王时代有利

西周生簋

簋、天亡簋；成王时代有何樽、保卣、保樽、德方鼎、献侯鼎、康侯鼎等；康王时代有盂鼎、宜侯夨簋、旅鼎、小臣速簋等；昭王时代有旂樽，旂觥、旂方彝、厚趠方鼎、夨令簋、令方彝、召樽、召卣、小臣宅簋等。

利簋通高28厘米，口径22厘米，重7950克。侈口，鼓腹，双兽耳垂珥，方座圈足，器形与天亡簋相似，为典型的西周早期风格。簋腹和方座饰有饕餮纹、夔纹，圈足饰有夔纹、云雷纹。

腹内底部的铭文具有非常重要的史料价值，簋腹内底铸铭文4行32字如下：

■ 西周利簋

　　武王征商，唯甲子朝，岁鼎，克昏夙有商，辛未，王在阑师，赐有事利金，用作檀公宝樽彝。

译文大意是，武王征伐商国，甲子日早上，岁祭，占卜，能克，传闻各部军队，早上占有了朝歌，辛未那天，武王的军队在阑驻扎，赏赐右史利铜，用作檀公宝樽彝。

武王（约前1087—前1043），姬发，西周王朝开国君主，因其兄伯邑考被商纣王所杀，故得以继父文王之位。他继承父亲遗志，消灭商朝，夺取全国政权，建立了西周王朝，表现出卓越的军事、政治才能，成为了我国历史上的一代明君。

■ 西周恒簋盖

■ 西周公臣簋

比干（约前1125—前1063），子姓，为殷商贵族商王太丁之子，名干。他一生忠君爱国，倡导"民本清议，士志于道"。他20岁就以太师高位辅佐帝乙，又受托孤重辅帝辛。从政40多年，主张减轻赋税徭役，鼓励发展农牧业生产，提倡冶炼铸造，富国强兵。

内壁铭文有明确记载："武王征商"之役发生在某年"甲子"日的早晨，"岁"星正当中天；战胜商朝8天后的辛未日，武王在阑地的军队驻地赏"有司"利以铜，利觉得很荣耀，就用铜来铸造宝器以纪念这件事。

分析起来，从开战后的第八天，就对有关人员进行奖励，说明战争持续的时间不长。

通过对利簋周围碳样检测，著名的"武王征商"战役有了一个绝对年代：在公元前1046年1月20日。

牧野之战，武王克商，是我国历史上极其重要的历史事件。然而，长时间以来，人们对这一事件的认识，凭借的都是文献资料，而没有直接的实物见证。

先秦史书记载，商代末年，纣王荒淫无道，设酒池肉林，宠爱妲己，置炮烙之刑，挖比干之心，民不聊生，天下沸腾，社会动荡，诸侯离心。

周本是远在西北的一个小国，但经过文王的精心治理，逐渐强大起来，周围小国有的被征服，有的自愿归附。到武王即位时，商人的天下已有大半属于周国了。

武王得到姜子牙、周公旦等名臣的辅佐，积极准备讨伐商纣王。面对周武王的咄咄进逼和武力示威，纣王却不做准备，反而调集主力对东夷大肆用兵，造成王畿空虚。

公元前1046年1月初，武王率戎车300辆，虎贲300人，包括各广土众民、部落之师，合计4万余人，出兵征商，浩浩荡荡地杀向商都朝歌。

纣王以由罪隶和俘来的东夷人等临时拼凑成的约70万人的大军，迎战周军。两军在牧野相遇，武王的军队锐不可当，再加上东夷人阵前倒戈，纣王大败，自焚而死。当晚，周军进入朝歌城内，商王朝的统治就此结束。

据《尚书·牧誓》及《逸周书·世俘》记载，牧野之战发生在甲子日清晨，正可与"利"青铜铭文语句"武王征商，唯甲子朝"互证。由此可知，《尚书·牧誓》及《逸周书·世俘》有关记载为实录。

利簋为圆形两耳方座，这是西周出现的新式样，上面的铭文内容与我国古代文献记载完全一致；做器者名

姜子牙（约前1156—约前1017），我国历史上杰出的政治家、军事家和谋略家。先后辅佐了6位周王，因是齐国始祖而称"太公望"，俗称姜太公。西周初年，被周文王封为"太师"，被尊为"师尚父"，后辅佐周武王灭商。因功封于齐，成为周代齐国的始祖。

■西周青铜簋

■ 西周青铜簋

青铜文化与艺术特色

簋 流行于商至春秋战国时期。主要用于放置煮熟的饭食。簋的形制很多。西周除原有圆形、侈口、深腹、圈足外，又出现了四耳簋、四足簋、圆身方座簋、三足簋等各种形式，部分簋上加盖。簋是商周时重要的礼器，宴飨和祭祀时，以偶数与列鼎配合使用。

"利"，他随武王参加战争，胜利后受到奖赏，铸造这件铜器以记功并用来祭奠祖先。利簋是能确知的最早的西周青铜器。

陕西发现的天亡簋，也是记述武王伐纣的西周初期著名的青铜器，又称"大丰簋"或"朕簋"，高24厘米，口径21厘米，底径18厘米。

天亡簋为侈口，四兽首耳，下垂方珥，鼓腹较深，圈足下连铸方座。

这种四耳方座青铜簋，是西周初期独有的样式，簋身和方座装饰两两相对的夔纹，夔体卷曲，状如蜗牛，这种体态的夔纹也是周初特征。

天亡簋内底有78字铭文，记述周武王灭商后在"天室"举行祭祀大典，祭告其父周文王，并取代商王的地位来祭祀天上神帝。做器者天亡襄助武王举行仪式，祭祀典礼之后，武王举行盛大的宴飨，天亡受赏赐，铸造这件簋来铭记荣宠。

铭文字形参差错杂，变动不居，在拙朴散乱中显示运动与和谐之美，有轻有重的笔画在某种程度上有自然书写带来的笔墨痕迹。其铭文用韵协调，开创了千古辞赋之之先河，也是我国韵文的最早表现形式。

其铭文如下：

乙亥，王又大丰，王凡三方，王祀于天室，降，天亡又王。衣祀于王不显考文王，事喜上帝，文王德才上。不显王乍省，不肆王乍唐，不克，气衣王祀！丁丑，王乡，大宜，王降亡勋爵复鳝。佳朕又庆，每扬王休于樽白。

还有在河南省浚县辛村卫侯墓中发现的康侯簋，也记述了武王伐商的历史，该簋通高24厘米，口径41厘米，侈口束颈，涂腹微鼓，高圈足加宽边。兽首耳垂长方形小珥，翘鼻耸角。

器身纹饰，腹部为单一的直条纹，颈和圈足为火纹与4瓣目纹相间排列，颈部两面中央又有突起的小兽首。

康侯簋器底有铭文24字，记述周王伐商后，命康侯建国于卫地，潜司徒为亡父制作此器。

西周时代礼乐制度得到很大发展，在陕西省宝鸡茹家庄和西安张

西周弦纹簋

西周青铜簋

家坡发现了三件一组的甬编钟，是最早的编钟。钟悬挂使用，方便而实用，也起到音质更佳、音调更准确的作用。

这时还出现了组合酒器的酒座禁。如在陕西宝鸡斗鸡台发现的夔纹禁，呈长方扁形，四周有镂孔，禁面上有3个椭圆孔，可能是放置青铜卣用的。

周早期的鼎基本保持口沿立耳、浅腹、柱足的商代式样，但方鼎的柱足已向细长发展，方座的双耳或四耳簋为本期特有的形式。

这时青铜礼器的组合，有爵与觯、鼎与簋的配合。鼎制上开始出现列鼎制度，反映了礼治的加强。鼎在形制上，三足器柱足与蹄足并存。而且，周初开始出现了一些大型的饮食器，如有名的重器大盂鼎重153.5千克，气度厚重，古朴典雅。

另外，还有在陕西省淳化县发现的淳化大鼎，通高1.22米，口径0.83米，重226千克，实属罕见。此鼎除两直耳外，腹部还铸有3个半圆形耳，足鼎器造型的特例。

■ 西周乍伯簋

西周作宝彝簋

鼎身上的主体图案，正是牛头蜴身龙纹。这只牛头的两侧，却分别长出大蜥蜴龙的身躯，有一肢体，分出四趾，浑身长满鳞片，尾巴卷曲向上。

也许是为了更明确地昭示这是一只牛头蜴龙，在这一龙头下面，还铸造了一个完全写实、明确无误的牛头。鼎的上口，还

西周晋侯簋

分别雕有4条鳄形原龙，其造型高大魁伟，纹饰庄严神奇，充分显示了我国古代劳动人民卓越的艺术造诣。

鼎也有在圆底下再置一盘的，盘是用来置炭加热的，这种小巧玲珑又实用的器物，是当时的新发明。

这一时期卣广泛流行，成组相配的定式也比商晚期稳定。

兽面纹和夔纹仍是这时期纹饰的主要题材，但也出现了一些新的纹饰，如在陕西泾阳高家堡发现的簋，腹及方座上饰有对称的卷体夔纹。

凌源马厂沟的燕侯盂腹上有华美冠羽的兽头鸟身纹饰，极富时代特征，长尾高冠或长身尾的凤鸟纹，常饰在器物的重要部位上，非常醒目，异常华丽。

还有凌源发现的鸭形樽，鸭腹上饰有斜方格网纹以表现羽毛的丰满。

陕西西安发现的一件大鼎，器腹布满勾连雷纹，很独特。双身龙纹和四川地区发现的一首两身的牛纹，风格奇特。一些器上装饰有高大的扉棱或平雕动物的某一部分翘出器表，如辽宁喀喇沁左翼蒙古族

蟠龙 是指我国民间传说中蛰伏在地而未升天之龙，龙的形状作盘曲环绕。在我国古代建筑中，一般把盘绕在柱上的龙和装饰房梁上、天花板上的龙均习惯地称为蟠龙。传说为东海龙王的第十五个儿子，因给人间降雨而累得盘在了人间。

自治县北洞村发现的蟠龙兽面纹罍，盖上蟠龙之首，以昂首姿态翘出盖表；北京房山琉璃河发现的伯矩鬲，盖与器上的兽头纹，兽角外翘，宏伟奇美。

纹饰仍尚繁缛，兽面纹、龙纹、不分尾的凤鸟纹、乳钉纹都较商代有新的发展，附加装饰的棱脊和立体的带角兽首形装饰很流行，也很发达。

从器形之间看，由于西周时期的青铜器制作方法同夏、商时期一样，没有太大的变化，都是陶范制作，而且一器一范，手工制作，这样就不能铸造出相同的陶范，所以，在西周时期也没有完全相同的青铜器造型。

至早期的中后段，鼎、樽、卣、方彝、簋等的器腹呈下垂鼓出的特征，即所谓垂腹式。

其中卣有甘肃灵台白草坡发现的一对筒状卣；觚有陕西扶风发现的旅父乙觚，薄而均匀，中腰极细，优美可爱。

■西周纪侯簋

另外腹耳平盖鼎、高领鬲、四足盉、方形圆口有鋬樽、双耳盘等，在形制上均有别于商后期的同种器物。

常见兵器基本保持商代传统，但钺已少见，戈多为短胡，并发展了浑铸的戟。

短剑是本期出现并发展较快的器种，此外，还有刀、戈和矛浑铸一体的复合异形兵器。铭文有了很大的发展，并成为区别商末周初铜器和周代早期铜器的重要标志。

环带纹方座簋

商代常见的以族徽制铭的传统仍然保持，同时出现记史颂祖敬王的长篇铭文，具有明显的周文化特征，而且字体多作明显的波磔体。

阅读链接

西周前期青铜器与商后期没有更多区别，但在某些方面也出现了新的特点。庄严厚重是这时的主要风格，铜器在数量上远远超过商代。

前期铜器形制庄重典美，花纹凝重静谧，代表了我国青铜器鼎盛阶段的发展水平。

而且铭文已出现上百字的篇幅，如成王时代的何樽122字、康王时代的大盂鼎291字、小盂鼎近400字等。

铭文书体沿袭商代后期，仍作典雅秀美的波磔体。铭文有祭祀、赏赐、策命、征伐等内容。

周成王建东都铸造何樽

武王兴周灭纣之后仅在位3年，就因病去世了，留下一个危机四伏的大周朝给年仅13岁的儿子姬诵，就是周成王。

13岁的小孩儿要想统治好偌大的国家，不是一件容易的事情，因此武王在临终之前替成王安排了周公旦摄政，代行天子之事。

西周青铜樽

在周公东征的过程中，他们俘虏了大批的商朝贵族。对这些人的处理很是麻烦，如果杀掉会显得太残忍，甚至伤害到仍占人口多数的商族人的感情，留着又恐怕他们再行叛乱。

同时，周朝的首都镐京地处西部边陲，在当时的交通条件下对东部的广大中原地区有鞭长莫及之难。

周公旦是个极富智慧的人，他巧妙地把两个困难变成了一个方便。他决定，在镐京以东300千米外的商朝旧都遗址，营建一座新的都城。因此地位于洛水之侧，故而取名洛邑。

洛邑建成之后，周公便将商朝遗贵们迁到这里，并派重兵监视。从此，大周朝有了两座都城：西都是镐京，又叫宗周；东都洛邑，又叫成周。

■ 西周何樽

成周东都营建之后，周成王下令让一名何姓贵族制作祭器樽来纪念，因此这件樽就被命名为"何樽"。何樽上的铭文记述了成王继承武王遗志，营建东都成周之事，与《尚书·召诰》《逸周书·度邑》等古代文献相合，具有重要的史料价值。

何樽发现于陕西省宝鸡市陈仓区贾村镇，高38厘米，口径28厘米，重14.6千克。

何樽口圆体方，通体有4道镂空的大扉棱装饰，颈部饰有蚕纹图案，口沿下饰有蕉叶纹。整个樽体以雷纹为底，高浮雕处则为卷角饕餮纹，圈足处也饰有饕餮纹，工艺精美、造型雄奇。何樽是西周初期的一件珍贵的青铜器艺术品。此器造型纹饰都有独到之处，庄严厚重，美观大方，主体感极强。

周公（约前1100—？），为我国周代的爵位，得爵者辅佐周王治理天下。历史上的第一代周公姓姬名旦，也称叔旦，故称"周公"或者"周公旦"。为西周初期杰出的政治家、军事家和思想家，被尊为儒学奠基人，孔子一生最崇敬的古代圣人之一。

■ 西周古方樽

金文 指铸刻在殷周青铜器上的铭文，也叫钟鼎文。钟鼎是青铜器的代名词。周以前把铜也叫金，所以铜器上的铭文就叫作"金文"或"吉金文字"。金文应用的年代，上自商代早期，下至秦灭六国，约1200多年。金文的字数，据容庚《金文编》记载，共3722个。

《何樽铭》是西周早期金文。我国有据可考殷商时期的文字是甲骨文，但甲骨文已采用"六书"构字方法进行造字，是一种相当成熟的文字，并且从殷商开始便突然大量涌现，很显然，在此之前应当还有一段相当长的文字萌芽和演变过程。

西周，是青铜器发展最兴盛的时期。周人立国后，各方面都继承了商代传统，一方面对商文化进行大量的学习与吸收，同时，青铜器制作和铭文书法也随着对礼制的进一步提倡而获得极大的发展，不仅青铜器数量可观，而且，一器之中的铭文一开始便出现长篇大作。

如成王时的《令彝铭》字数就达187字，同商代的"少字数"铭文相比，可谓洋洋大观了。

令彝又称矢乍父丁彝。做器者为矢令，因而又称矢令彝。发现于河南洛阳马坡。彝为长方体，表面泛金，通高34厘米，宽24厘米，器口长19厘米，宽17厘米，重2400克。

令彝盖及器腹饰双夔纹构成的大兽面纹，口沿下饰双尾龙纹，方足座饰分尾小鸟纹。自盖钮至足座四边皆附钩形扉棱。令彝上有铭文14行，187字，盖铭同而行款稍异。

　　铭文记述周公之子明保在成周举行祭祀并受命尹"三事四方"。三事四方，指百官和在成周的亡商诸侯。明保可能是周公旦之孙名明者，保是其官职。有人则认为是伯禽或君陈。

　　西周早期金文就书风而言，大多承袭殷商余绪，笔道首尾出锋，结构谨严精到，布局参差错落而富于动态美、韵律美。

　　不过，如果细分，大体可分为3类：一是质朴平实，以《利簋铭》为代表；二是雄奇恣放，如《保卣铭》《做册大方鼎铭》等；三是凝重诡异，如《康侯簋铭》等。

　　而这类铭文中风格最突出，书法成就最高者，当首推《何樽铭》了。《何樽铭》虽属西周早期金文，但其书法体势严谨，结字、章法都十分质朴平实，用笔方圆兼备、端严凝重，并且达到了十分精美的程度。加之器形巨大，造型端庄堂皇、浑厚雄伟，故作品更呈现出一种磅礴的气势和恢宏的格局，从而为世人所瞩目。

　　周成王时期还有著名的太保鼎，通高57厘米，口长35厘米，22厘米。方形，四柱足，口上铸双立耳，耳上浮雕双兽。鼎腹部四面饰蕉叶纹与饕餮纹，四角饰扉棱，最为显著的是柱足上装饰的扉棱和柱足

西周鲁侯樽

西周司土幽樽

中部装饰的圆盘，这在商周青铜器中是独一无二的。

太保鼎腹内壁铸"大保铸"3字。大保，即太保，为官职名，西周始置，是监护与辅弼国君的重臣。

《尚书·君奭》记载："召公为保，周公为师，相成王左右。"《史记·燕召公世家》记载："召公奭与周同姓，姓姬氏，周武王之灭纣，封召公于北燕。"

据考证，此件太保鼎是西周成王时的重臣召公奭所铸造的，而全国只有6件有"太保制"字样的古代器物。

青铜时代

青铜文化与艺术特色

阅读链接

陕西省宝鸡市东北郊的贾村原是西周遗址，贾村镇西街有一陈姓人家，他们的屋后有个约3米高的断崖。陈家常年在崖根取土，上面未取土的地方便突出一个约一立方米的大土块。

1963年的一天，陈家老二恐怕这个土块掉下来砸伤人，就搭起梯子，想用镢头把它挖掉。不料没挖几下土块就掉了下来。出人意料的是，大土块破碎后竟从里边滚出一件古铜器。除去锈土后，表面露出了饕餮纹。陈家人清理干净泥土后，顺手就把它放在楼上装粮食用了。

两年后，陈家把这件青铜器连同另一些废铜混装在麻袋里，卖给了宝鸡市一家废品收购站。时隔一个月，宝鸡市博物馆的职工老佟来到这家废品收购站，有位老职工告诉他，最近收了件古铜器，问他要不要，老佟一看，立刻双眼放光，连声说："这不是周代的文物吗？我们当然要！"当天，老佟就将这件宝物搬运回了宝鸡市博物馆，这件宝物就是西周何樽。

周康王铸大盂鼎诫贪酒

　　西周早期常见的青铜礼器和食器有鼎、方鼎、鬲、甗、簋、簠；酒器有觚、爵、觯、角、觥、斝、盂、樽、卣方彝、罍、盉、壶；水器有盘、匜等。

　　西周早期食器中鬲、豆不多见，而爵、觚等各种酒器虽然品种很齐全，但数量较商代大大减少了，这与西周王朝吸收了商纣"酒池肉林"疯狂酗酒，最后导致亡国的教训有关，因而西周王朝禁止贵族饮酒，《尚书·酒诰》和康王时代的大盂鼎铭文都有这方面的记载。

西周成周鼎

■ 西周兽面龙纹大鼎

大盂鼎高1米，口径0.78米，重153.3千克，鼎身为立耳、圆腹、三柱足、腹下略鼓，口沿下饰以饕餮纹带，三足上饰以兽面纹，并饰以扉棱，下加两道弦纹，使整个造型显得雄伟凝重，威仪万端。

腹内壁有铭文19行，共291字，内容为周王告诫南公的孙子盂，殷商因酗酒而亡国，周代要禁酒图兴，要盂一定要很好地辅助他，敬承文王武王的德政；同时记载了康王给盂的赏赐。

铭文的内容大致可分为3段：

第一部分用较多文字说明商人纵酒是周兴起和商灭亡的原因，赞扬了周代文武二王的盛德。表示康王

铭文 又称金文、钟鼎文，指铸刻在青铜器物上的文字。与甲骨文同样为我国的古老文字，是华夏文明的瑰宝。泛指在各类器物上特意留下的记录该器物制作的时间、地点、工匠姓名、作坊名称等的文字。

■ 西周凤纹方鼎

自己要以文王为典范，告诫盂也要以祖父南公为榜样。

第二部分主要是康王命盂帮助他掌管军事和统治人民，并且赏赐给盂香酒、礼服、车马、仪仗和奴隶1726个，并叮嘱盂要恭敬办政，莫违王命。

第三部分说明盂做此宝鼎以祭祀其祖父南公。

铭文内容翻译成现代文为：

九月康王在宗周册命盂。

康王这样说："伟大英明的文王承受了上天佑助的重大使命。到了武王，继承文王建立了周国。排除了奸恶，普遍地保有了四方土地，长久地治理着百姓。办事的人在举行饮酒礼的仪式上，没人敢喝醉，在举行柴、烝一类的祭祀上也不敢醉酒。所以天帝以慈爱之心给以庇护，大力保佑先王，广有天下。"

"我听说殷朝丧失了上天所赐予的大命，是因为殷朝从远方诸侯到朝廷内的大小官员，都经常酗酒，所以丧失了天下。你年幼时就继承了先辈的显要职位，我曾让你就读于我的贵胄小学，你不能背离我，而要辅佐我。现在我要效法文王的政令和德行，犹如文王一样任命两三个执政大臣来任命你，你要恭敬地协调纲纪，勤勉地早晚入谏，进行祭祀，奔走于王事，敬畏上天的威严。"

康王又说："命你盂，一定要效法你的先祖南公。"

康王　生卒年不详，即周康王姬钊，周成王之子，姬钊在位期间，国力强盛，天下统一，经济、文化繁荣，社会安定。史书记载，"成康之际，天下安宁，刑四十余年不用"。后世将这段时期和成王末年的统治誉为"成康之治"。

西周侯盂

康王说："盂，你要辅助我主管军队，勤勉而及时地处理赏罚狱讼案件，从早到晚都应辅佐我治理四方，协助我遵行先王的制度治民治疆土。赏赐给你一卣香酒、头巾、蔽膝、木底鞋、车、马；赐给你先祖南公的旗帜，用以巡狩，赐给你邦国的官员4名，大众自驭手至庶人659人；赐给你异族的王臣13名，夷众1050人，要尽量让这些人在他们所耕作的土地上努力劳动。"

康王还说："盂，你要恭谨地对待你的职事，不得违抗我的命令。"

盂颂扬康王的美德，制作了纪念先祖南公的宝鼎，时为康王在位第二十三年。

铭文中语句"丕显文王受天有大命"体现了周人的天命观，而另一语句"我闻殷坠命，唯殷边侯甸与殷正百辟，率肆于酒，故丧师矣"，则是周康王告诫盂，商内、外臣僚沉湎于酒，以致亡国，透露出周人对于商人嗜酒误国这一前车之鉴的警示。

铭文中"有""厥""又"等字波磔分明，得于用笔过程中自觉的提、

西周环带纹盂

按意识。通篇文字布局规整，书风凝重。

　　大盂鼎铭文书法体势严谨，字形、布局都十分质朴平实，用笔方圆兼备，具有端严凝重的艺术效果。开《张迁碑》《龙门造像》之先河。以书法成就而言，大盂鼎在成康时代当居首位，是西周早期金文书法的代表作。

　　盂铸造的青铜鼎有大、小两件，分别被称为大盂鼎和小盂鼎。小盂鼎已佚，只留下铭文拓片，大盂鼎堪称西周前期著名重器。

《张迁碑》篆额题《汉故毂城长荡阴令张君表颂》，也称《张迁表颂》，刻于公元186年，和《曹全碑》都为汉末名碑。碑中字体大量渗入篆体结构，字形方正，用笔棱角分明，具有齐、直、方、平的特点，堪称汉碑中的上品，可谓汉碑集成之碑。

阅读链接

　　清朝道光时期，岐山首富宋金鉴把大盂鼎买下，因为器形巨大，十分引人瞩目，鼎很快被岐山县令周庚盛占有，他把鼎转卖给北京的古董商人。

　　宋金鉴在考中翰林后出价3000两白银又购得了宝鼎，在他去世后，后代以700两白银将鼎卖给陕甘总督左宗棠的幕僚袁保恒，袁深知左宗棠酷爱文玩，得宝鼎后不敢专美，旋即将大盂鼎献给上司以表孝心。

　　左宗棠被永州总兵樊燮谗言所伤，遭朝廷议罪。幸得时任侍读学士的潘祖荫援手，上奏咸丰皇帝力保宗棠；而且多方打点，上下疏通，左宗棠才获脱免。潘祖荫乃当时著名的金石收藏大家，左宗棠得大盂鼎后遂将其相赠，以谢当年搭救之恩。此后，大盂鼎一直为潘氏所珍藏。

　　新中国成立后，潘家后人见人民政府极其重视对文物的保护，认为只有这样的政府才可托付先人的珍藏。全家商议后，由潘祖荫的孙媳潘达于执笔，于1951年7月6日写信给华东文化部，希望将大盂鼎和大克鼎捐献给国家。

中期青铜器除旧更新

西周中期的周穆王及恭、懿、孝、夷之际，主要的青铜重器有长由盉、遹簋、丰尊、丰卣、剌鼎、班簋、静簋、裘卫诸器、墙盘、师遽簋、师遽方彝、永盂、曶鼎、效卣、师晨簋、克鼎器群、师兑簋、盠方彝、谏簋等。

西周中期的铜器种类有较明显的淘汰和更新趋势，酒器的觚、爵、角、斝、觯、觥等趋于减少和退化，同时出现了自铭"饮壶"的新型饮酒器，食器有了很大的发展。

同时，列鼎制度最迟在本期形成。鼎的形制出现蹄形足，鼎腹发展

西周蕉叶凤纹觚

■ 西周鲁侯樽

■ 西周效樽

呈扁长方形的变化趋势，簋的发展也很快，不仅在制度上与列鼎相配，而且形制也出现敛口有盖，圈足下呈三短足的新型式。簠、匜等新器种开始出现。编钟也在此期间普遍形成。

另外，西周中期青铜器的花纹趋于简朴，早期流行的花纹或已淘汰，或变形简化。常见的花纹有兽面纹、花冠顾首龙纹、分尾的鸟纹及新出现的直条纹、波曲纹和鳞带纹等。

铭文记事性质更强，篇目更长，内容也多格式化，早期族徽铭文已罕见，或有也已与记事铭文相配。字体多古朴、端庄，平齐无波磔。

西周丰樽发现于陕西省扶风县庄白村西周青铜器窖藏，通高16厘米，口径16厘米，腹深14厘米，重1700克。该樽器身低矮，侈口，束颈，垂腹，其最大径已接近腹底，圈足外侈，显得丰满而沉稳。

丰樽除圈足光素外，通体以3种不同姿态的凤鸟

簋 古代祭祀和宴飨时盛放黍、稷、粱、稻等饭食的器具，簋的基本形制为长方形器，盖和器身形状相同，大小一样，上下对称，合则一体，分则为两个器皿。簋出现于西周早期，主要盛行于西周末春秋初，战国晚期以后消失。

凤鸟纹 我国古代青铜器纹饰之一。凤，在古代的传说中，为群鸟之长，是羽虫中最美者，飞时百鸟随之，被尊为百鸟之王。在古人的心中，凤是吉祥之鸟。凤鸟纹多饰于鼎、簋、尊、卣、爵、觯、觥、彝、壶等器物的颈、口、腹、足等部位。

纹构成两纹饰相同的口部、颈部及腹部3层纹饰。口缘外壁饰四瓣仰叶状对鸟纹，两鸟相对而立，尾部向上曲垂于鸟首之前。

丰樽颈部以两组带状垂冠分尾凤鸟纹装饰，两只凤鸟为一单位，两小组间以浮雕兽面为中心，鸟首相对，构成一组；垂鼓的腹部以四双两两相对的垂冠分尾凤鸟构成，鸟的羽冠垂至胸前，翎尾翻卷于身后，十分富丽典雅，为全器最主要的纹饰。纹饰带内的空白处均以细密的云雷纹衬地。

丰樽的器表打磨光整，但是在器口缘外壁的蕉叶对鸟纹中间、颈部浮雕兽面下方、腹部4块凤鸟纹饰相接处可见铸造时留下的范痕，所以全器是以4块相等的外范分型，4块外范之外还有腹芯及圈足芯。

丰樽底部可见到画在圈足芯上的方格纹，底部边缘有4个小三角状凸起，将底部边缘分为4等份，每一凸起与每外范中心位置相对。据传是为了防止在腹底与圈足拉接处因铸造应力产生裂纹而设置的4个三角形加强筋。该器内底部多细小的气泡。

丰樽器内底铸有铭文5行31字，其中重文两字。

班簋为周穆王时毛班所做，毛班为毛伯的孙子，因此也称毛伯彝。通

■ 西周丰樽

■ 西周方樽

■ 西周父乙方樽

高27厘米，口径26厘米。四耳饰兽首，下垂长珥作为支柱，其后又另有小珥。口沿下饰囧纹，夹有两道弦纹。腹饰阳线构成的兽面纹。低圈足，无纹饰。

师遽方彝为西周恭王时期的青铜器。高16厘米，口沿纵长7.6厘米，横长9.8厘米，底部纵长7.5厘米，横长9.6厘米，重1620克。

师遽方彝的盖如屋顶，整体做长方形，横长于纵，口沿下及圈足都略有收缩，腹部略鼓，两侧有耳，做高举的象鼻形，造型极为奇特。器内有中壁，分隔或为两室，可置两种不同的酒，盖的一侧沿有两个方形缺口，与器的两室相应，本当有斗可挹酒，但可惜已遗失。

师遽方彝的盖面及器腹部饰变形兽面纹，是此类纹饰的最后蜕变形式。兽面纹除了尚可辨认的双目外，其余部分已变形，成为非常简单而草率的线条。

师遽方彝的器身和盖内都铸有相同的铭文，器6行、盖8行各铸67字。大意记载周王在王宫中举行酒

周穆王（？—前921），周王朝第五位帝王。他是我国古代历史上最富于传奇色彩的帝王之一，世称"穆天子"。关于他的传说，层出不穷，最著名的则是《穆天子传》。穆天子东征西讨，范围之广，世所罕见。

西周师遽方彝

青铜时代

青铜文化与艺术特色

圭 我国古代在祭祀、宴飨、丧葬以及征伐等活动中使用的器具，其使用的规格有严格的等级限制，用以表明使用者的地位、身份、权力。周代玉圭，以尖首长条形为多，主身素面，尺寸一般长0.15~0.2米。不同名称的圭是赋予持有不同权力的依据。

宴，师遽向王奉献礼品，王命令宰利赐给师遽玉圭等物品，师遽因以做器，以答谢天子的赏赐。

在陕西省扶风县法门镇任村发现的大克鼎，为周孝王时期铸器，又名克鼎和膳夫克鼎，通高0.93米，口径0.75米，重2015克。

与大克鼎同时发现的还有小鼎7件、盨2件、钟6件、镈1件，都是膳夫克所做之器。因此称此鼎为大克鼎，小鼎为小克鼎，为西周孝王时名叫克的大贵族为祭祀祖父而铸造。

大克鼎造型宏伟古朴，鼎口之上竖立双耳，底部三足已开始向西周晚期的兽蹄形演化，显得沉稳坚实。纹饰是3组对称的变体夔纹和宽阔的窃曲纹，线条雄浑流畅。由于窃曲纹如同浪峰波谷般环绕器身，因此又叫波曲纹。

大克鼎腹内壁上铭文共28行290字，为西周大篆的典范之作。内容分为两段：

第一段是克对祖父师华父的颂扬与怀念，赞美他有谦虚的品格、美好的德行，能辅协王室，仁爱万民，管理国家。英明的周天子铭记师华父的伟绩，提拔他的孙子克担任王室的重要职务膳夫，负责传达周天子的命令。

第二段是册命辞，周天子重申对克官职的任命，还赏赐给克许多礼服、田地、男女奴隶、下层官吏和乐队，克跪拜叩首，愉快地接受了任命和赏赐，乃铸造大鼎歌颂天子的美德，祭祀祖父的在天之灵。

青铜盠方彝是西周中期的盛酒器，发现于陕西省眉县。盠方彝为长方形、圈足、顶式器盖，象鼻双耳，内铸铭文106字。

盠方彝器身铸满文饰，以夔龙纹为主题文饰，对称装饰，中间有圆形涡纹，器身角面以3层文饰装饰，上下两层为夔龙纹两个一组装饰，中间层与盖主纹相同。盖为四坡顶，铸有扉棱为脊。整器庄重规范、工艺精湛。

彝是青铜礼器的一种统称，金文中通常有"做宝樽彝"的字样。彝又是一种青铜酒器的专名，盠方彝是根据其铭文和形体而定名的。

西周时期青铜器铭文是研究西周社会政治、经济、军事、书法的重要实物资料，记载的内容主要有祭祀、战事盟约等。盠方彝铭

窃曲纹 是一种适应青铜器装饰部位要求而变形的动物纹样，周代打破了商代以来，一直以直线为主的装饰特点，也打破了对称格式。一般由两端回钩的或"S"形的线条构成扁长形图案，中间常填以目形纹，但又未完全摆脱直线的雏形，因而具有直中有圆、圆中有方的特点。

■ 西周日己方彝

西周作宝彝簋

文记载的是周穆王时期册命摄可六师、殷八师有关军事方面的内容。

盝方彝的装饰采用浮雕技法，雕铸出粗犷豪放的文饰，装饰主次关系明确，层次十分清晰，达到了极好的艺术效果，其精美而又带有神秘色彩的文饰，浑厚庄重的器身以及铭文，通过雕铸将他们有机地融合到一起，再现西周青铜器铸造业的辉煌。

谏簋是臣子向君王提出建议请求或得到封赏后，为了纪念而制作的青铜器。

例如，这件西周中期谏簋高21厘米，宽29厘米，重5280克。圆形，敛口，鼓腹，圈足下有3小足，腹部两侧兽耳下垂小珥。隆盖，顶有圆形捉手。盖顶和器腹饰瓦纹，颈部与盖沿饰窃曲纹，圈足饰三角云纹。盖器对铭，器铭文9行102字，盖10行101字：

西周叔方彝

　　唯五年三月初吉庚寅，王在周师录宫。旦，王格大室，即位。马共佑谏入门，立中廷。王呼内史先册命谏曰："先王既命汝王宥，汝谋不有闻，毋敢不善。今余唯或命汝。赐汝攸勒。"谏

拜，稽首。敢对扬天子
丕显休，用作朕文考惠
伯樽簋。谏其万年子子
孙孙永宝用。

谏簋铭文大意：在五年三月第一个吉日庚寅那一天，王在周地的师录宫。天刚亮，王到大厅，坐定位子。司马共带领做器者谏进入庙门，站立于庭院中间。王召呼史官内史先册命谏，说："我的先辈周王既然已经任命你兼管王的宴乐之事，你不能思虑有所不周，不能不善待其事。现在我继续任命你管理原来的事情。赏赐给你一套马笼头。"谏拜，叩头。为答谢和宣扬天子伟大显赫的美意，谏因此做了祭奠其死去的父亲惠伯的簋。谏的后代子孙万年永宝用这件簋。

这篇铭文说明，在西周时代的官职任用制度中规定，抑或是不增减任命，只是重申前王的任命，也需举行一次册命典礼。

在陕西省扶风县庄白家村发现的西周中期史墙盘，属于微氏家族盥洗器具，通高16厘米，口

■ 西周青铜器

径47厘米，深8.6厘米，是西周微氏家族中一位名叫墙的人，为纪念其先祖而做的铜盘，因做器者墙为史官而得此名。

此盘造型规整，纹饰精美，敞口，浅腹，圈足，腹外附双耳；腹部饰凤鸟纹，圈足部饰两端为上下卷曲的云纹，全器纹饰以云雷纹衬地，显得清丽流畅。

■ 西周作宝彝方鼎

盘内底部刻有18行铭文，共284字，首先追述了列王的事迹，历数周代文、武、成、康、昭、穆各王，并叙当世天子的文功武德。

接着叙述自己祖先的功德，从高祖甲微、烈祖、乙祖、亚祖祖辛、文考乙公到史墙。颂扬祖先功德，祈求先祖庇佑，是典型的追孝式铭文。人们从微氏家族的发展史中，可看出周王朝对殷商遗民采取的政策。

盘铭也是一篇很漂亮的书法作品，其文体爱用简明整齐的4字句式，这是已知时代最早的带有较明显骈文风格的铭文作品。

阅读链接

班簋何时何地出土无考，为清宫旧藏，八国联军占领北京时散出。

1972年6月，在北京市物资回收公司有色金属供应站的废铜堆里拣选到一件古器残件，经北京市文物管理处组织专家鉴定，确定为"班簋"。郭沫若先生得知后甚喜，曾著《"班簋"的再发现》一文进行论述，一时轰动了文博界、学术界。

随后管理处将班簋残件送故宫博物院文物修复厂修复。原厂长蔡瑞芬将任务交给了赵振茂先生。当时原器4足已全部折毁，器身毁去过半，底部变形，但口部、腹部、器耳、花纹还有部分残存，特别是腹内铭文，基本上保存下来了。

幸好班簋的铜质好，有韧性，不至于断裂。赵振茂主持并亲自修复。大致经过整形、翻模补配、修补对接纹饰等6道程序。首先用钣金法等对器物整形，然后利用原器残件翻模铸造所缺的3个耳及珥；察对纹饰，去错补缺，并使所补部分与原器花纹浑然一体。接下来采用跳焊法将补块焊到原器上。因底部铭文处出现孔洞而不全，孔洞要用锡补平，并根据《西清古鉴》簋铭拓片，描上字样，再用钢錾雕刻。

修复后的班簋古朴、凝重、典雅的造型与斑斓锈色相映，令人赞叹不已，现藏于首都博物馆。

继承发展的晚期青铜器

　　西周晚期的重器，周厉王时期有簋、钟、郑季、簋、攸从鼎、散氏盘、禹鼎、鄂侯驭方鼎、敔簋等，周宣王时期有颂鼎、兮甲盘、虢季子白盘、毛公鼎、南宫平钟等。

　　西周晚期的铜礼器，延续了中期形制和纹饰简朴化的变化，淘汰了中期保留的早期因素。常见器种有鼎、簋、甗、簠、壶、樽、盘、匜等，品种明显减少。鼎除沿用中期的垂腹鼎外，还有圜底鼎，都是兽蹄足。

　　西周晚期纹饰仅流行波曲纹、重环纹、鳞纹和直线纹，绝少见繁缛的动物纹，即如簋一类的王室

西周颂鼎

重器也是直线纹。

而此时的青铜器铭文多为长篇，已知最长的铜器铭文如毛公鼎497字，流于形式的为祖考做器的铭记也很流行。字体笔道圆润，讲究书法之美，但疏放草率的字体也多有发现。

周厉王名姬胡，是西周的第十代君王，他统治期间，繁盛一时的西周王朝逐步走上了衰败的道路。当时周王朝北方边患不断，日益强盛的猃狁民族经常向南侵袭，成为周王朝的严重威胁。

早在周夷王时，双方就曾在距丰镐二京不远的洛河北岸进行过一场激战，"震动了京师"；而周厉王之后的周宣王时，北方猃狁也曾"侵镐及方，至于泾阳"，直逼丰镐二京，大臣方仲和尹吉甫率军出击。

周厉王时期的多友鼎，铭文就记载了某年十月，猃狁即匈奴，侵犯京师，周王命武公派遣多友率兵抵御。多友在10多天内，共打4仗，都取得了胜利，并救回了被俘虏的周人。

武公将战绩报告给周王，周王赏赐给多友包括青铜在内的若干财物。为了感谢周王，也为了纪念这次胜利，多友铸造这件圆鼎以记其事。

铭文中一共8次提到了"多友"，青铜鼎也因此被命名为"多友鼎"。

■ 西周史颂鼎

兮甲 周宣王的大臣，官至内史，据说是《诗经》的主要采集者，军事家、诗人、哲学家，被尊称为中华诗祖。尹吉甫辅助过三代帝王，后周幽王听信谗言，杀了他。不久知道错杀，便给他做了一个金头进行厚葬。为了防止盗墓，修建了真真假假12座墓葬。

西周多友鼎

多友奉王命抵御这次"侵犯京师"的战役，与前述两次"欲犯京师"的战役相比，虽然规模略小，却更直接关系到周王朝的存亡。

然而这次捍卫京师的重要战役却未见记载。但一件珍贵的多友鼎的铭文内容无疑成为这次战役重要的历史见证。

多友鼎发现于陕西省长安县下泉村，通高0.51米，口径0.5米。立耳，圜底，腹微敛，蹄形足。口下饰弦纹两道。

器表光素无纹，造型十分普通，但它腹内所铸的279字铭文，却记录了那场鲜为人知的战争。

这篇铭文以纪实的手法记述了这次战役的时间、作战的方式、战争的规模及战争的结果，更为重要的是这次缴获猃狁127辆战车的记载，对了解猃狁的战斗实力提供了一份全新的资料。

西周晋侯钟

晋侯苏"编钟"也铸于西周厉王时期。编钟为成组的青铜乐器。该组编钟大小不一，大的高0.52米，小的高0.22米，都是甬钟。

钟上都刻有规整的文字，共刻铭文355字，最后两钟为两行11字。铭文都是用利器刻凿，刀痕非常明显，铭文可以连缀起来，完整地记载了公元前846年1月8日，晋侯苏受命伐夙夷的全过程。

■西周青铜盘

散氏盘铸制年代约在西周厉王时期，因铭文中有"散氏"字样而得名。有人认为做器者为矢，故又称作矢人盘。

散国约位于陕西省宝鸡市凤翔县一带，西北方与矢国为邻。矢国凭借武力多次入侵散国，掠夺财产和土地。散国就到周厉王面前告状，希望借助周天子的威望解决两国间的纠纷。

在周厉王的调解下，矢国退还了土地，双方的官员划定了田界，举行了盟誓。盘上铭文记载的就是散国的誓约，过程与合约均铸在盘上作为证明。

散氏盘为带高圈足的大耳圆盘，高0.2米，口径0.5米。腹饰夔纹，圈足饰兽面纹。内底铸有铭文19行，357字。散氏盘的造型、纹饰均呈现西周晚期青铜器简约端正的风格，而它最吸引人的还是铭文。

散氏盘铭文书法浑朴雄伟，字体用笔豪放质朴，敦厚圆润，结字寄奇隽于纯正，壮美多姿。它不同于大盂鼎、毛公鼎一类西周青铜器铭文的结字并取纵式，结字偏长，而是取横式，结字方整。它不但有金文之凝重，也有草书之流畅，开"草篆"之端，在碑学体系中，占有重要的位置。

散氏盘铭文的最大审美特征在于一个"拙"字，拙朴、

■西周有盘鼎

草篆 汉字书体的一种。篆貌隶骨，笔势飞举，刚劲有力。战国时还没有字体专名，但是在实际使用中已经形成工整和草率两种字体。工整的一种就是篆书的起源；草率的一种可以称为草篆，也可称为古隶，它正是从篆书到隶书的过渡。

祭祀 是华夏礼典的一部分，更是儒教礼仪中最重要的部分，礼有五经，莫重于祭，是以事神致福。祭祀对象分为3类：天神、地祇、人鬼。天神称祀，地祇称祭，宗庙称享。祭祀的法则详细记载于儒教圣经《周礼》《礼记》中。

拙实、拙厚、拙劲，线条的厚实与短锋形态，表现出一种斑驳陆离、浑然天成的美。

然而，散氏盘铭文的字形构架并非是固定不变、呆板生硬的。它的活气跃然纸上，但却自然浑成。特别是在经过铸冶、捶拓之后，许多长短线条之间，不再呈现对称、均匀、排比的规则，却展现出种种不规则的趣味来。

圆笔钝笔交叉使用，但圆而不弱，钝而不滞，是散氏盘铭文在技巧上的着重点。在体势上，字形结构避让有趣而不失于轻佻，多变但又不扭怩造作，珠玑罗列，锦绣横陈，在极粗质中见做工精到，这是散氏盘铭文的魅力所在。

散氏盘铭文的字与字间隐约可见阳文直线界栏，是典型西周晚期铭文的风格。

铭文大意是说：矢国侵略散国，后来议和。和议之时，矢国派出官员15人来交割田地及田器，散国则派官员10人来接收，于是双方聚集一堂，协议订约，并由矢国官员对散人起誓，守约不爽。矢人将交于散人的田地绘制成图，在周王派来的史正仲农监交下，

■ 西周重环纹盘

成为矢、散两国的正式契约。

青铜盘原为盛水的器皿，但散氏盘在镌铸契约长铭后，已然成为家国宗邦的重器。

还有商周最大的一件青铜簋，由周厉王趿做器，其器形为方底座，圆形腹，高圈足，凤鸟形双附耳。器底座上饰竖条瓦棱纹，腹上部和圈足各饰一圈钩云纹，腹中部饰竖条状瓦棱纹。通体高0.59米，口径0.43米，腹深0.23米，重60千克。

趿簋器形雄伟厚重，拙朴典雅。系周厉王为祭祀先祖而铸，形体高大魁伟，可称簋中之王，内底铸铭文124字，注明该器制作于厉王十二年（前888年）。它不仅是一件艺术瑰宝，而且为西周青铜器断代增添了一件标准器。

毛公鼎制于西周宣王时期，因鼎腹内铸有32行关于册命毛公瘖的铭文，毛公瘖为了报答天子的煌煌美德，铸造了这个宝鼎，子子孙孙永远宝用，故名"毛公鼎"。

毛公鼎相当完整，高0.53米，口径0.47米，重34.7千克。鼎口呈仰天势，半球状深腹，垂地三足皆做兽蹄，口沿竖立一对壮硕的鼎耳。

毛公鼎整个造型浑厚而凝重，饰纹也十分简洁有力、古雅朴素，标志着西周晚期青铜器已经从浓重的神秘色彩中摆脱出来，淡化了宗教意识而增强了生活气息。

毛公鼎的高度和重量与其他殷商时期的巨大青铜器可说是天差地远，然而，毛公鼎上刻的铭文却是铭文青铜器中最多的，有32行，499字。

毛公鼎铭文的内容可分成7段，是说：周宣王即位之初，急切地想振兴朝政，乃请叔父毛公为其治理国家内外的大小政务，并饬勤公无私，最后颁赠命服厚赐，毛公因而铸鼎传示子孙永宝。毛公鼎全铭文辞精妙而完整，古奥艰深，是西周散文的代表作。

虢季子白盘也铸于周宣王时期，与散氏盘、毛公鼎并称西周三大青铜重器。此盘造型奇伟，高0.39米，上口呈长方形，口长1.37米，腹下敛，平底，曲尺形四足。四壁各有含环兽首两个，腹上部为窃曲纹，下部为环带纹，是西周晚期的艺术精品。

■ 西周毛公鼎

青铜时代

青铜文化与艺术特色

波带纹 也称环带纹等。始见于西周中期，盛行于西周晚期至春秋早期。状如一条波浪般起伏的宽带，波峰之间布有各种纹饰。有人认为这也是从龙纹变化而来，也有人把它列入几何类纹饰。

■ 西周重环纹盘

虢季子白盘重环纹盘形制奇特，似一大浴缸，为圆角长方形，四曲尺形足，口大底小，略呈放射形，使器物避免了粗笨感。四壁各有两只衔环兽首耳，口沿饰一圈窃曲纹，下为波带纹。

盘内底部有铭文111字，讲述虢国的子白奉命出战，荣立战功，周王为其设宴庆功，并赐弓马之物，虢季子白因而做盘以为纪念。铭文语言洗练，字体端庄，是金文中的书家法本。

虢季子白盘铭文的大意是：在十二年正月初吉期间的丁亥日，虢季子白制作了宝盘。显赫的子白，在军事行动中勇武有为，经营着天下四方。

进击征伐狁狁，到达洛水之北。斩了500个敌人的首级，抓获俘虏50人，成为全军的先驱。威武的子白，割下敌人左耳献给了王，王非常赞赏子白的威仪。王来到成周太庙的宣榭，大宴群臣。

王说："白父，你的功劳显赫，无比荣耀。"

王赐给子白配有4匹马的战车，以此来辅佐君王。赐给朱红色的弓箭，颜色非常鲜明。赐给大钺，用来征伐蛮夷。子子孙孙万年永远地使用。

西周后期，在青铜器的制作工艺中又发明了印模制范，即先制成

■ 西周牛首纹钺

牢固结实的模具，用模具可以省时省力地翻印出许多相同的范，尤其是花纹范，更需要印模制范。但也因为方便而缺乏创新。

之后，又发明了两次或多次铸造方法，即先铸器物的耳、足、鋬等部件，在铸造器体时将铸好的耳、足、鋬等嵌于器体的外范相应的部位。这种先分铸后合铸的工艺既快又好，适宜铸造大件青铜器。

西周青铜器具有更多的本时代特点，趋向简朴、长铭。酒器爵、角、斝、觚、觯、方彝等基本消逝了，壶、罍、盂、樽、鸟兽樽仍继续保留。

盛食器的簋、盨和注水器匜是新出现的器种，造型大方而实用。匜、盘足一套盥器，相需为用，发现常一起出土。《礼记·内则》记载："进盥，少者奉盘，长者奉水，请沃盥，盥卒，授巾。"贵族豪华生活可见一斑。

青铜钟由先前3件为一组发展到大小8件为一组。这一时期的列鼎制度尤其盛行。簋也常常成2、4、6、8双数出现，与鼎相配。

器形上鼎、甗多做蹄形足，毛公鼎可作为典型

《礼记》 战国至秦汉年间儒家学者解释说明经书《仪礼》的文章选集，是一部儒家思想的资料汇编，又叫《小戴礼记》，与《周礼》《仪礼》合称"三礼"。其作者多数篇章可能是孔子的72名高徒弟子及其学生们的作品，还兼收先秦的其他典籍。

代表。鼎与盘有的有流口，盘有的有腹耳。簋的圈足下常有3足。鬲多做折沿，弧裆，出现了带有火灶的一种特殊形制的鬲，在方鬲灶门外还铸一受刖刑的俑人浮雕。壶一般有套环双兽耳。戈援前锋多呈三角形。

西周后期还出现了有时代艺术风格的纹饰，如环带纹、窃曲纹、鳞纹、重环纹、瓦纹。但也有许多素面或器身仅有几道弦纹的器物。

由于制器者多注重铭文，因而新出现的纹饰不免有粗犷潦草之感。兽面纹一般已不再作为主题装饰了，而常做器足上端的装饰。鸟纹则继续流行。

西周后期青铜器制作朴素，铭文书体娴熟奔放，其内容更是极为珍贵的史料。铭文书体排列均匀整齐，字体严谨，书法娴熟，竖笔呈上下等粗的柱状，被称为"玉柱体"。

大克鼎还采用在方格内填字的方法。虢季子白盘铭文读起来朗朗上口，书体圆转秀美，具有小篆的韵味。

比如，在陕西省眉县杨家村发现的逨盘，被

誉为"中国第一盘",逨盘通高20厘米,口径53厘米,圈足直径41厘米,腹深10厘米,兽足高4厘米。

盘为盛水器,一般与匜配套使用。为方唇,折沿、浅腹、附耳、铺首,圈足下附四兽足。腹及圈足装饰窃曲纹,辅首为兽衔环。

逨盘内底铸铭文21行,约360字,记载了单氏家族8代人辅佐西周自周文王至周宣王12位王征战、理政、管治林泽的历史。对西周王室变迁及年代世系有着明确的记载,可印证史书的记述,对夏、西周断代工程所拟的西周宣王年表做出了检验。

逨盘造型与纹饰优美,长篇铭文气势恢宏,铸造工艺精湛,的确是我国古代青铜艺术的经典之作。

显然,这篇铭文的内容主要是逨夸耀自己的家族史并纪念周王的册命赏赐,其中不乏西周中晚期金文中公文式的套话。但弥足珍贵的是,在称颂列祖列宗的同时,也基本历数了西周诸王,道出了西周史的大致轮廓。

阅读链接

史料记载郑桓公名友,或称多父,或称桓友,是周厉王少子、周宣王的异母弟。

对他的真实身份众说纷纭,虽然西周时期对人们铸造青铜器的条件并没有明确的限制,但就当时而言,铜是极其珍贵的,铸造较大的一件铜器是寻常百姓难以负担的,而且按照西周的规定,只有具备了一定的等级才能得到丰厚的赏赐。

从鼎的铭文中可以得知,如果不是宣王的弟弟,没有爵位和官衔的普通人是不可能受到如此隆重的礼遇和厚重的赏赐的,因此推测,多友鼎的铸造主人是郑桓公。

春秋战国青铜器

西周青铜器后，春秋战国时期是我国古代青铜器发展的又一个高潮期。可分为春秋早期、春秋中晚期至战国早期以及战国中晚期4个阶段。

春秋战国时期青铜器的主要特点是：列国器物大量出现；地域风格的形成；各地区之间逐渐交流；铸造技术的长足进步，反映出春秋战国时期生产力的提高。

春秋早期诸侯青铜器兴起

春秋早期青铜器形制和组合与西周晚期基本相同，纹饰也沿袭西周的特点。

春秋时期，王室、王臣的礼器几乎消失，代之而起的是列国诸侯、卿大夫甚至卿大夫家臣铸造的器物。这和当时王室衰微而诸侯、大夫及家臣势力不断壮大的形势相吻合。

这一阶段代表器物有在山东黄县南埠发现的纪国媵器、河南三门峡上村岭发现的虢国青铜器、湖北京山苏家垅发现的曾国青铜器、山东烟台上夼发现的纪国青铜器、山东历城百草沟发现的鲁国媵器

春秋早期龙纹鼎

及湖北随州熊家老湾发现的曾国青铜器等。

春秋时的纪国是姜姓诸侯国，铭文做"己"，其青铜器皆发现于山东，清代在寿光纪侯台下曾发现了西周晚期的纪侯钟。

在山东省黄县东南的南埠有一座春秋早期墓葬，其中发现了一批青铜器，有盘、鬲、鼎等共8件，其中前6件有铭，可知为纪国嫁女的媵器。

在山东烟台南郊的上夼，也发现了一座春秋早期墓葬，青铜器有鼎、壶、甬钟、戈、鱼钩等共9件，两件鼎上有铭，说明器主为纪侯之弟。

烟台远离纪国而近于莱国，墓主人可能是由纪国迁到莱国的。春秋初年纪国还曾与周王室通婚，《斋吉金录》中记载有山东的王妇纪孟姜，也是春秋早期器，可能也是嫁为王后的纪女之物。

虢国是我国东周时期的一个重要邦国，以虢国青铜器为代表的虢国文化，是春秋时期文化的重要组成部分。在春秋早期的青铜器中，虢国的青铜器以造型雄奇、纹饰精美、铸造工艺精湛而著称于世。

虢国墓地中发现的青铜器有鼎、簋、鬲、壶、洗、爵、盂、戈、编钟等。

如虢国古方鼎，外观雄奇，四足稳重端庄厚实，纹饰粗犷却又不失细腻之处，作为传国重器，是国家

■ 春秋早期秦公鼎

春秋战国青铜器

媵器 我国周代王室、诸侯及其他贵族的女子在出嫁的时候，其父母兄长等要为该女子铸造青铜器，称为媵器，供该女子在夫家作为祭祀用器或生活用器。铸器时，在这些青铜器上铭刻文字，记下做器者身份称谓、出嫁女的称谓、所铸器的器类名称以及祝福的话语。

■ 春秋早期青铜龙耳樽

虢国 是我国西周初期的重要诸侯封国。周武王灭商以后，周文王的两个弟弟分别被封为虢国国君，虢仲封东虢，虢叔封西虢，西虢国后随周平王东迁至今河南省陕县，地跨黄河两岸，河北称为北虢，河南称为南虢。

权力的象征，并被赋予显赫、尊贵、盛大的引申意义，此鼎虽是实用品，而以外观之伟岸敦实，可见使用者的身份和权势。

虢国铜方彝，是一种长方形盛酒器，带盖，直口，四壁做弧线状，腹鼓出，圈足，盖及器身的四角与中部各有一条凸起的扉棱相对，盖正脊中间立一钮，呈四面坡屋顶样式，通体铭纹丰富，并以夔纹为主题纹饰，精美绝伦。

再如，虢国大爵杯，前部有流，后部设尾，流处竖菌形双柱，腹部外表面装饰兽面铭纹，铸造工艺精致，造型流畅优美，爵杯既是古代饮酒的器皿，同时也作为我国最早的青铜礼器，是拥有者权力与身份的象征。

虢国古方樽，是所铸的奉养礼器，高21厘米，口径20厘米，重3560克。方体，圆口，折肩，虽形制不大，却气度不凡，深厚雄健，仿佛大器，堪称春秋早期青铜鼎盛期中的上乘之作。

古方樽的颈部饰蕉叶纹，若仔细辨识，这每一瓣蕉叶纹竟是由上下倒置、五官移位的兽面纹构成，兽面纹下面是两只一组的优美凤鸟。肩部一周饰双头龙纹，龙首回顾观望。

四角是突出的带角象鼻首，象眼圆睁，长鼻卷曲，象牙上翘，双角弯折，别有威严神秘之相。

曾国的故城遗址在湖北省随州市曾都区，关于"曾"的记载，最早见于殷墟出土的殷商甲骨卜辞《掇续》的"左比曾"的铭文中。

曾都区、汉水西岸的宜城、钟祥、武胜关的豫南，先后多次发现有"曾"铭文的青铜器，如"曾侯仲子父鼎""曾子仲鼎""曾侯白戈""曾姬无血""曾都尹法之行""曾孙法之鼎"等。

通过对这些出土的青铜器上的铭文以及史料进行研究和考证，可以得出"曾随合一"的结论，即在2400年前，以曾都区为中心的汉东地带的"随"国即"曾"国，随州城为曾都。

山东曲阜是鲁国故城，春秋墓葬中发现有大量青铜器，如北关村曾发现簋6件、豆1件以及车軎、铃等铜器。

后来在曲阜鲁国故城遗址墓葬中又发现了一批青铜器，器物主要有鼎、甗、簋、簠、壶、盘、匜、盆以及戈、车軎等兵器和车马器，器形多为当时中原地区流行式样，纹饰也是以窃曲纹、重环纹、环带纹、垂鳞纹等为主的春秋时期常见纹饰。

有些铜器还铸有铭文，其中发现的铜器的铭

鼎食钟鸣

春秋战国青铜器

■ 春秋早期龙纹方甗

文多是鲁司徒仲齐为其父伯走父做器或自做用器，铜器的器主则为鲁伯等人。

除了以上代表器物，春秋早期青铜制品还有在陕西宝鸡太公庙发现的秦公钟，高0.48米，两铣间距0.27米，共5件，大小不同，角上饰4条小龙，干带上有4组变形雷纹，腹部饰兽目单连纹，鼓部饰卷龙纹。

与秦公钟配套的还有秦公镈，镈和钟为大型敲击乐器，盛行于春秋战国时期，在贵族祭祀或宴飨时与编磬等乐器配合使用。桥形口者为钟，平口者叫镈。

秦公镈造型雄伟，鼓部齐平，中起4道飞棱，侧旁的两道飞棱，形状是9条盘曲的飞龙，前后两条则是5条飞龙和1只凤鸟。舞部各有一龙一凤，背对背，向后回首，钮上有环。镈身上下各有一条带状花纹，由变形的蝉纹与窃曲纹组成。

秦公镈上有铭文，记载了秦早期的世系，对研究秦代先祖的历史极为重要，也有助于了解春秋早期秦地的青铜铸冶技术，以及音乐文化。

春秋早期鲁仲齐甗

另外还有"青铜器珍宝"之称的龙耳虎足方壶，发现于河南新郑李家楼郑公大墓，其通高0.87米，宽0.47米，重41千克。

龙耳虎足方壶有盖，盖似华冠。直口厚唇，束颈修长似扁方筒，鼓腹，圆形底。颈饰蕉叶纹，这件方壶的雕饰最具特色的是一个龙和虎的配合，颈两侧附一对壮硕的龙形耳，龙为高冠，回首卷尾呈蹲立状，双龙耳上铸有细缕孔，整体给人一种凌驾于云气，沐于深泉的雄伟气魄。

腹饰界栏状凸棱，上区饰蟠虺纹，下区光素无纹。圈足饰蟠虺纹和云纹，足下卧两虎，虎身下伏，口微张，外吐长舌。

此壶造型优雅，纹饰繁缛精美，龙虎上下呼应，栩栩如生。龙代表神武、力量、权势，具有王者风范，而且极为善变，能驱邪避灾。此器青龙蜿蜒，白虎驯服，寓意美好、吉祥。

■ 春秋早期交龙纹方壶

通体蟠虺纹，两侧双龙回首，尽展显赫地位，昭示尊贵身份，龙之腾飞，寓意步步高升。

春秋战国时期，意识形态领域空前活跃，人们个性张扬，崇尚浪漫情怀。春秋青铜器作为当时风貌的物化反映，器形由厚重变得轻灵，造型由威严变得奇巧，手法由浓厚的神秘色彩而趋向写实，装饰纹样也变得易于理解和更接近于生活。

莲鹤方壶的出现，是春秋时期时代精神的象征。反映了一种新的生活观念与艺术观念，是活跃升腾的精神力量的形象体现。

蟠虺纹 我国青铜器纹饰之一。又称蛇纹。以蟠屈的小蛇，即虺的形象，构成几何图形。有的做二方连续排列，有的构成四方连续纹样。有三角形或圆三角形的头部，一对凸出的大圆眼，体有鳞节，呈卷曲长条形。

春秋早期蟠龙纹方壶

壶是古代青铜酒具的一种，也是青铜礼器的重要种类之一，自商代就已有之，主要盛行于春秋战国时期。

《诗经》中曾有"清酒百壶"的记载，所指的便是这类器物。其造型多种多样，有方壶、扁壶、圆壶、瓠形壶等，造型奇特华美，为春秋青铜器中的精品。

郑国莲鹤方壶主体部分为西周后期以来流行的方壶造型，造型宏伟气派，装饰典雅华美。顶盖做镂空花瓣形，中立一鹤，昂首舒翅。双耳为镂雕的顾首伏龙，颈面及腹周皆为伏兽代替扉棱。

方壶通体四面自颈至腹饰以相缠绕的龙，不分主次，上下穿插，四面延展，似乎努力追求一种总体上的动态平衡。圈足饰似虎的兽，足下承以吐舌双兽，兽首有两角，似乎在倾其全力承托重器。构思新颖，设计巧妙。

壶上物像众多，杂而不乱。神龙怪虎，神态各具。当然，方壶装饰最为精彩的部分是盖顶仰起的双层莲瓣和伫立于莲芯之上展翅欲飞的立鹤。

仙鹤亭亭玉立，双翼舒展，引颈欲鸣，它们所展示出的这种清新自由、生动活泼的意境，形神俱佳，栩栩如生，一扫

春秋早期曾仲父方壶

青铜时代

青铜文化与艺术特色

前代装饰工艺肃穆刻板的风格，标志着我国古代装饰工艺的新开端。

莲鹤方壶硕大的器形、优雅的曲线、纯青的工艺、精美的纹饰，清新隽永，令世人叹为观止，因此莲鹤方壶被誉为"青铜时代的绝唱"，它说明郑国的工业科技水平特别是青铜器铸造工艺，在当时处于领先地位。

莲鹤方壶构图极为复杂，造型设计非常奇妙，铸造技艺卓越精湛，堪称春秋时期青铜艺术的典范之作。莲鹤方壶需要几十个奴隶同时浇铸才能完成，是多范合铸工艺的代表。

莲鹤方壶遍饰于器身上下的各种附加装饰，不仅造成异常瑰丽的装饰效果，而且反映了青铜器艺术在春秋时期审美观念的重要变化。

阅读链接

1923年8月25日，家住河南省新郑县南门外李家楼村的一个名叫李锐的乡绅，在自家的菜园中打井。

当挖到地下3米多深时，竟挖出不少古铜器的碎片，他从中挑了3件比较完整的铜鼎去卖，没想到居然卖得800多块银圆，于是他喜出望外，赶紧回家接着挖，他做梦也不会想到，这口井正打在了2600多年前郑国国君的大墓上。

北洋陆军第十四师到新郑巡防时，得知此事，立即派人接管、监督，并派出工兵部队继续挖掘。坑越挖越大，宝物越挖越多，一直挖了一个多月，共出土青铜器100多件。

其中包括一对龙耳虎足方壶。后来，这对龙耳虎足方壶分藏在北京故宫博物院和台北历史博物馆里，北京故宫博物院的叫"龙耳虎足方壶"，而台北历史博物馆的有着另外一个名字"春秋蟠龙方壶"。

春秋中晚期流行蟠螭纹青铜器

春秋中期以后的青铜器，以蟠螭纹的流行为标志，山西侯马所出土的陶范和旧著录中的晋公器等器物上都有细密的平面蟠螭纹。

这时，我国大体上呈现以三晋为中心的中原、以秦国为中心的西方和以楚国为中心的南方三足鼎立的格局。

此外，北方、西南方、东南方等几处少数民族区域也各有其独特

春秋蟠螭纹青铜罍

风格。山西省侯马市上马村墓穴是发现春秋中期晋国青铜器的重要墓葬，共有器物180多件，组合为鼎、鬲、甗、敦、簠、方壶、鉴、盘、匜等，并有编钟及石质的编磬以及戈、矛等武器。

侯马春秋墓中的鼎有

7件，形制不同，但皆附耳。敦为环钮，有3小足，簠有对称的两个环耳。

9件编钟已是钮钟形式，是钮钟中相当早的一例。两件鼎作者为徐王之子庚儿，其时代当为春秋中期偏晚，因此上马村墓穴应为春秋中晚期之交的墓葬。

侯马窑址出土陶范多达3万余块，其中可辨器形者有1000块以上，可以配套的有100多件。其中属于早期的陶范纹饰较简素，以平面的蟠螭纹、绹纹为主，与晋公青铜器上细密的平面蟠螭纹正相合。

晋公青铜器做于公元前537年，代表了春秋中晚期的风格。晚期的陶范多有浮雕状纹饰，有的非常复杂富丽，与相传发现于河南省辉县的一对赵孟壶和一对智君子鉴上的纹饰风格相同。

智君子鉴上的浮雕状纹饰比赵孟壶更为发达，时代当更晚，铭文中的"智君子"，可能就是公元前453年被韩、赵、魏所灭的智氏末一代智瑶。因此，这种浮雕状纹饰当起于公元前500年左右的春秋末期，盛行于战国前期。

晋国青铜器铸造工艺在春秋列国中居于领先地

蟠螭纹 我国青铜器纹饰之一。图案表现传说中的一种没有角的螭龙，张口、卷尾。有的纹饰做两方连续排列，有的构成四方连续纹样。一般都做主纹应用。盛行于春秋战国时期。在当时的玉器上，也常见雕琢有蟠螭纹，表现形象有的有所不同。

青铜时代

青铜文化与艺术特色

■ 春秋时期秦公簋

簋 古代盛食物的器具，自商代开始出现，延续到战国时期。流行于商至春秋战国时期。主要用于放置煮熟的饭食。簋的形制很多，变化较大。簋是商周时重要的礼器，宴飨和祭祀时，以偶数与列鼎配合使用。史书记载，天子用九鼎八簋，诸侯用七鼎六簋，卿大夫用五鼎四簋，士用三鼎二簋。

位，侯马的陶范上的图像和浮雕状纹饰，显示了晋国青铜器铸造工艺的先进。

比如，晋国鸟兽龙纹壶，器形圆体，宽颈，深腹外鼓。盖及两耳已失。器物主体纹饰是人首鸟体的怪兽和蟠螭纹龙相互缠绕。

在纹饰之间还有虎、豹等动物的食人之像。腹下饰一周雁群纹，雁做昂首曲颈状，体现了晋国青铜铸造业的高度水平。

秦公簋相传发现于甘肃省礼县大堡子山秦公墓地，做于秦景公时，是秦公之祭器，在秦汉时曾被当作容器使用。敛口微腹，兽首耳较大。盖缘和口下饰兽目交连纹，器上兽首倒置，圈足饰鳞纹，余饰横条纹，盖沿和口沿每组纹饰间还设有上下相反的浮雕兽首，殊为奇特。

上有铭文104字，分铸于器及盖上。盖器同铭

5字，记秦公做此簋。器和盖上又各有秦汉间刻款9字。铭文均由印模打就，青铜器的此种制作方法，仅见此例。铭文字体整饬严谨，微曲中求劲健，表现出强悍雄风，也是春秋时期秦国的传神写照。

在河南省淅县下寺楚墓中发现的王子午鼎，是春秋时期楚国的青铜器，是分铸后焊接而成，采用了榫卯、中介物等新型构思，技艺之高超，在当时的世界范围内是一流的水平。

本来这是一套7件用失蜡法铸造的列鼎，鼎上铭刻有"王子午"字样，7鼎由大至小排列，称为列鼎，王子午鼎是其中最大的一件。

该鼎侈口、束腰、鼓腹、平底、三蹄形足，口沿上有两外侈的长方形耳，旁边攀附6条蟠螭纹龙形兽，兽口咬着鼎的口沿，足抓着鼎的腰箍，使鼎在香烟缭绕中有升腾的感觉。腹部满浮雕的攀龙和弦纹。内腹与盖内均有铭文。

令尹 楚国在春秋战国时代的最高官衔，是掌握政治事务，发号施令的最高官，其执掌一国之国柄，身处上位，以率下民，对内主持国事，对外主持战争，总揽军政大权于一身。令尹主要由楚国贵族当中的贤能者来担任。

■ 王子午鼎

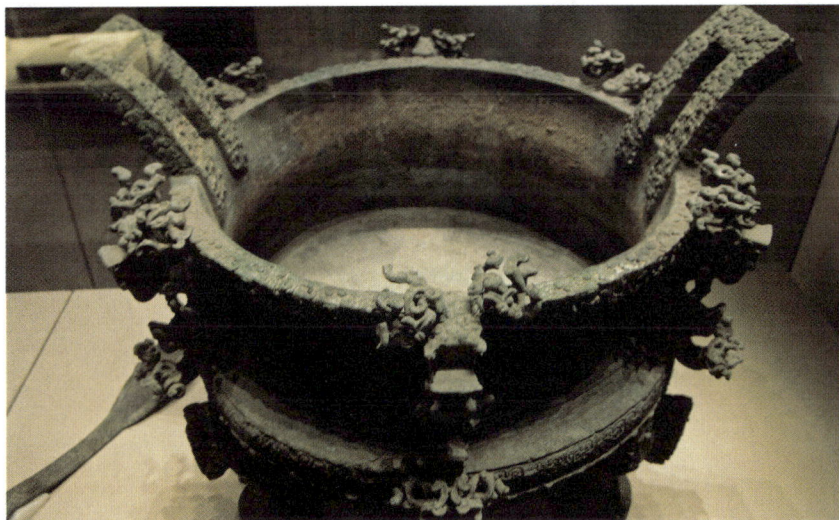

带钩 是古代贵族和文人武士所系腰带的挂钩，古时又称"犀比"。多用青铜铸造，也有用黄金、白银、铁、玉等制成。带钩起源于西周，是身份的象征，带钩所用的材质、制作精细程度、造型纹饰以及大小都是判断带钩价值的标准。

该鼎是楚庄王之子、楚共王的兄弟、曾任楚国令尹之职的王子午，即子庚的器物。该器物又成为研究楚文化的标准器。鼎腹内壁均铸铭文共84字，记述王子午做器的用途和歌颂自己的功德。

春秋齐洹子孟姜壶，是齐侯为田洹子之父所做的祭器。高0.22米、口径0.13米，铜壶颈部内壁有铭文142字，铭文记述田洹子之父死后，齐侯请命于周王，为死者举行多种典礼。

田洹子即田无宇，娶齐侯之女孟姜为妻。齐国自齐桓公死后，内部发生纷争，逐渐失去霸主地位。至齐景公之世，政权下移于卿大夫，卿大夫之间的兼并斗争愈演愈烈。

斗争中，田无宇先后消灭栾氏、高氏，壮大了自己的势力。公元前481年，田常杀齐简公，从此田氏完全控制了齐国政权。

这一时期，各地区之间逐渐交流。例如，吴越地区流行的细线云雷纹在楚地也时有发现，而原先用于

■ 吴王夫差鉴

北方的带钩也传播到了南方，从物质文化角度反映出东周时期走向统一的历史趋势。

南方吴越地区春秋青铜器代表有吴王夫差鉴，高0.45米，口径0.73米，重45千克。

■ 春秋时期狩猎纹鉴

鉴是一种水器，在日常的生活中有时也用来盛冰。此器形如大缸，平底。器腹两侧有虎头状兽耳，两耳间的口沿旁有小虎攀缘器口，做探水状。

通体饰繁密的蟠螭龙纹交相3周。器内壁有铭文两行13字，记吴王夫差用青铜做此鉴，为吴王夫差宫廷中御用之物。

这件鉴耳上兽面的额顶又饰一高出器口的长鼻兽。另两侧装饰了立体的卷尾双角蟠螭龙，两条龙攀缘器壁，咬住鉴口，炯炯有神的双目窥探鉴内，非常形象生动。

除了立体的双龙，鉴的口沿、腹部均饰繁密的蛟龙纹。这种体躯交缠、盘旋的龙纹，盛行于春秋战国之际。

同一时期的吴王夫差青铜剑也为佳品，剑锷锋利，剑身满饰花纹，剑谭饰嵌绿松石兽面纹，剑身近格处镌"攻吴王夫差，自乍其元用"10字，为吴王夫差用剑。吴王夫差兵器已发现多件。

夫差是吴王阖闾的儿子，于公元前495年继王位，次年击败越王勾践，继而挥师北上，争霸中原。

龙纹 又称"夔纹"或"夔龙纹"。在我国古纹样装饰中，龙纹占有十分重要的地位，被大量装饰在玉石、牙骨、陶瓷、织绣和服饰等许多方面。在封建时代，又将它与佛教、道教的神话结合起来，赋予新的神秘色彩。尤其在宫廷艺术中，更是充满了龙的装饰。

越王剑

公元前482年，吴王夫差与晋定公盟于黄池，即河南省商丘县南。春秋五霸之后，僻居东南的吴国和越国在中原地区的周朝王室衰微、诸侯争霸战争愈演愈烈的时候，吴越两国之间也爆发了激烈的战争。

公元前494年，吴王夫差亲自率领吴军攻打越国，越国战败，越王勾践屈辱求和，并到吴国侍候夫差。后来，勾践通过"卧薪尝胆"，3年后借助黄池之会攻占了吴国都城，杀死了吴国太子友。

就在这种不断的战争中，吴越两国建立了大规模的军队，大量使用的兵器之一就是剑。剑是我国古代一种重要的近战短兵器，它由剑身和剑柄两部分构成。

剑身修长，两面都有利刃，顶端收聚成锋；剑柄则较短，用于手握。由于在格斗中其功能以推刺为主，故又称"直兵"。

越王剑是春秋时越王勾践请铸剑名师经历数年精心铸造出来的。据《吴越春秋》和《越绝书》记载，越王勾践曾特请龙泉宝剑铸剑师欧冶子铸造了5把名贵的宝剑，其剑名分别为湛庐、纯钧、胜邪、鱼肠、巨阙，都是削铁如泥的稀世宝剑。

据称，后来越被吴打败，勾践曾把湛庐、胜邪、鱼肠3把剑献给吴王阖闾求和，但因吴王无道，其中湛庐宝剑"自行而去"，到了楚国。为此，吴楚之间还曾大动干戈，爆发过一场战争。

历史上楚国和越国的关系曾经有一段非常亲密的时期，越王勾践还把自己的女儿嫁给了楚昭王。勾践的女儿生下了后来的楚惠王。

"越王勾践剑"发现于湖北江陵望山墓穴内棺中，位于墓主人的左侧，插在髹漆的木质剑鞘内。也许这就是越王勾践送给女儿的嫁妆。已在地下埋藏了2500多年的剑，却仍然完好如新，拔剑出鞘，寒光闪闪，毫无锈蚀。

越王勾践剑全剑长55厘米，柄长8厘米，剑宽4厘米。剑身修长，有中脊，刃锋利，前锋曲弧内凹。剑首外翻卷成圆箍形，内铸11道同心圆，剑身上布满了规则的黑色菱形暗格花纹，剑正面镶有蓝色玻璃，背面镶有绿松石。

剑有两行鸟篆铭文，共铸8个金鸟篆体阳文："越王鸠浅，自作用剑。"剑身上两道凸箍，铸工精湛，为历代传颂的吴越名剑之一。剑身上装饰着菱形花纹，剑柄与剑刃相接处两面也用蓝色琉璃镶嵌着精美的花纹。

无论就勾践剑的外形研制，还是质料搭配，这口剑都无疑是我国青铜短兵器中罕见的珍品。

越王勾践剑的含铜量为80%—83%、含锡量16%—17%，另外还有少量的铅和铁，可能是原料中含的杂质。

作为青铜剑的主要成分，铜是一种不活泼的金属，在日常条

越王勾践剑

青铜剑

件下一般不容易发生锈蚀，这是越王勾践剑不锈的原因之一。

而且在同一剑上，各个部位的合金成分各不相同，这是根据需要配制的。剑脊需要韧性好，故含铜较多，可使剑不易折断；剑刃需要硬度大，故含锡多，可使剑锋利；剑的花纹处含硫高，硫化铜可防锈蚀并保持花纹艳丽。

据考证，这种复杂的复合金属工艺，是分两次烧铸后又复合成一体制作而成的。这种工艺外国人近代才开始使用。

一把在地下埋藏了2500多年的古剑，居然锋利无比，闪烁着炫目的青光，寒气逼人。20多层的复印纸，剑从中间"唰"一声一划全破。难怪它是我国收藏的第一号名剑，享有"天下第一剑"的美誉。

越王勾践剑上的花纹是用金属锡制成的。春秋战国时期，青铜器的表面装饰有多种，采用锡是其中之一，青铜的亮黄色与锡的亮白色相互衬托，耀眼美观。

但锡有两点不足，一是硬度低，容易出现划痕，所以只能填在剑身的花纹内；二是在空气中容易被氧化而使光泽暗淡，失去了装饰的意义，所以这种方法并没有被较广泛地使用。

越王剑剑身的菱形暗格技术，是吴越之剑非常富于装饰性的一种工艺，这也是人们喜爱吴越之剑的一个原因。这把越王勾践之剑剑首用11道特别薄的铜片制作的同心圆。

在离发现越王勾践剑仅1千米处的另一座春秋时期的古墓中，又发现了吴王夫差矛。此矛也是通体装饰黑色菱形花纹，而且保存完好，铸技之精、工艺之美，堪与越王勾践剑匹敌。这一剑一矛被世人公认为是吴越青铜兵器中的双璧。

吴王夫差矛

再来看这件春秋晚期的牺樽，高0.33米，长0.58米，重10.76千克，是以牛为器形，所以命名为"牺樽"。该樽的腹部中空，颈及脊背上有3穴，中间一穴套有一只锅形的器皿，可以自由取出。根据其构造的特点，可以确定这是一件温酒用的器物，锅形器容酒，前后两个空穴用于灌注热水。

春秋晚期牺樽

此樽纹饰华丽繁缛，构图新颖，牛首、颈、身、腿等部位装饰有以盘绕回旋的蟠螭龙蛇纹组成的兽面纹，仔细观察为兽面衔两蟠龙，蟠龙的上半身从兽面的头顶伸出，后半身被兽面的双角钩住并向两边延伸。在牛颈及锅形器上饰有虎、犀牛等动物的浮雕，形态生动，铸造精美。

这件牺樽的牛鼻上还穿有一环，说明了至少在春秋时期，已经开始使用穿鼻的方法来驯服牛了。牛鼻环在当时称为"棬"。

在殷人观念中，体格健壮、有一双弯曲而有力的大角的水牛更具灵性，所以让它充当人与神沟通的媒介，担负通天地神兽的重要角色，主要用于祭祀。

同时牛樽的器身满饰动物纹，在商周时代的神话和美术中，动物或动物纹样占有很重要的地位，在祭祀中被视作神奇的力量，扮演沟通天地的助手。

这件牺樽集铸造、设计、雕刻艺术于一身。既是精美的艺术品又是生活中的实用品，承载着大量的历史文化信息，是一件不可多得的青铜精品。

阅读链接

至春秋中晚期，列国金文在形体上均已形成较鲜明的时代特色，不同地理区域，甚至区域相邻的不同国家间的金文也有了较大的差别。

但当时大小国众多，所能掌握的金文资料，尚不足以逐一做细致的、分国别的研究。这一阶段金文大致分4个区域，即是东方之齐鲁、中原之晋、南方诸国和秦中。

同时，青铜铸造技术也有了长足的进步。器物制作方面主要体现在合范法铸造的高度发达、失蜡法的应用、模印法制范、镶嵌工艺的普遍流行，以及兵器的表面处理技术等。

湖北省大冶县铜绿山的矿井遗址体现了东周时代青铜冶铸业的巨大规模，反映出春秋战国时期生产力的提高。

战国早期青铜纹饰达到新高峰

　　春秋晚期至战国早期，青铜器纹饰发展成浮雕状，繁复的镂空花纹则达到了东周时期青铜器制作的顶峰。

　　代表器物有河南新郑铜器群、安徽寿县蔡侯墓铜器群、山西浑源李峪村铜器群以及辉县山彪镇和琉璃阁、河南淅川、长治分水岭，湖北随州擂鼓墩等地的铜器群等。

■ 曾侯乙墓出土的编钟

其中最著名的是湖北随州擂鼓墩的曾侯乙墓发现的青铜器。这座墓的下葬年代为公元前432年，距今2410余年。

曾侯乙，姓姬名乙。战国时代曾国一个名叫"乙"的诸侯国君。他不仅是一位熟谙车战的军事家，也是一位兴趣广泛的艺术家。

曾侯乙墓中共发现随葬品15000多件。其中曾侯乙编钟一套65件，是最完整、最大的一套青铜编钟。

青铜礼器主要有镬鼎2件、升鼎9件、饲鼎9件、簋8件、簠4件、大樽缶1对、连座壶1对、冰鉴1对、樽盘1套2件及盥缶4件等。

其中樽盘系用先进的失蜡法铸造，表现出战国时期青铜冶铸业所达到的高水平。

曾侯乙墓随葬数量庞大的乐器，钟磬铭文中有大量乐理乐律铭文，显示了曾侯乙生前对于乐器制造与

■ 曾侯乙墓出土的编钟

音律研究的重视程度。

　　墓内还有大量铸造极精的青铜器珍品及绘画、雕塑艺术、书法精品，并且大量器物并非冥器，而是曾侯乙生前所用之物，多为他亲自督造，说明他兴趣广泛，具有多方面的才华和较高的艺术鉴赏力。

　　曾侯乙墓的青铜共计钮钟19件，角钟45件，分三层悬挂在满饰彩绘花纹的铜木结构的钟架上，每层的立柱下都铸造成一个青铜佩剑武士。

　　编钟的形体和重量是上层最小，中层次之，下层最大。最小的一件重2400克，高0.2米；最大的一件重203.6千克，高1.53米。它们的总重量在2500千克以上。钟架通长11.83米；高达2.73米。气魄宏大而壮观。

　　钟在我国商朝时就已出现，最初只有三五枚，至周朝增到9枚至13枚，战国时发展成61枚。人们按钟的大小、音律、音高把钟编成组，制成编钟，演奏悠扬悦耳的乐曲。

　　而曾侯乙编钟共65枚，其中一枚是战国时楚惠王赠送的镈。曾侯乙为表示对楚王的敬重而放在显要位置上。

　　钟上大多刻有铭文，上层19枚钟的铭文较少，只标示着音名，中下层45枚钟上不仅标着音名，还有较

■ 曾侯乙墓出土的编钟局部

楚惠王（？—前432），为楚昭王之子，越王勾践外孙，后被子间等人推上王位。楚惠王即位后，接受郢亡的沉痛教训，重用子西、子期、子间等人，改革政治，与民休息，发展生产，使楚国得以迅速复苏，使楚国又重新步上争霸行列。

长的乐律铭文，详细地记载着该钟的律名、阶名和变化音名等。

钟及架、钩上共有铭文3755字，内容为编号、记事、标音及乐律理论。这些铭文，便于人们敲击演奏。

曾侯乙编钟音域宽广，有5个八度，钟的音色优美，音质纯正，基调与C大调相同。

编钟的悬挂有3种方式：下层环挂式，挂钩为爬虎套环和双杆套环两种；中层钩挂式，挂钩为框架钩和焊钩两种；上层插挂式，是以插销入孔、串钩钟钮。

全部甬钟的记事铭文均为"曾侯乙做持"5字，标明钟的制作和享用者是曾侯乙。镈钟的铭文则记载楚王熊章为曾侯乙铸宗彝一事。标音明文标示了钟的位置或敲击部位及其所发音的名称，它们构成了十二半音称谓体系。乐律理论记述了曾国与楚、晋、齐、申、周等国的律名对应关系。

钟铭所见律名28个、阶名66个，绝大多数是前所未知的新材料。这套编钟的铭文，是一部重要的我国古代乐律理论专著。

全套编钟音域宽广，音律充实，音色优美。每件钟均有呈三度音程的两个乐音，可以分别击发而互不干扰，也可同时击发构成悦耳的和声，证实了我国古编钟双音的规律。

全套编钟具有深沉浑厚的低音、圆润淳朴的中音和清脆明快的高音。中心音域内具十二半音，可以旋宫转调，演奏七声音阶的多种乐曲。

■ 曾侯乙墓出土的联禁铜壶

钟及钟架铜构件是铜、锡、铅合金，合金比例因用途而异。用挥铸、分铸、锡焊、铜焊、铸镶、锉金、磨砺制作而成，工艺精湛。编钟的装配、布局，从力学、美学、实际操作上，都显得十分合理。

全套钟的装饰，有人、兽、龙、花和几何形纹，采用了圆雕、浮雕、阴刻、彩绘等多种技法，以赤、黑、黄色与青铜本色相映衬，精美壮观。

同时还有6个"丁"字形彩绘木槌和两根彩绘撞钟木棒，据此并经实验判定，这套钟的使用共需5人：3人双手执小槌掌奏中、上层钟；2人各持撞钟木棒，掌奏下层钟。

曾侯乙墓中还有一件珍贵的青铜樽盘，樽高0.33米，口宽0.62米，盘高0.24米，宽0.57米，深0.12米。

樽敞口，呈喇叭状，宽厚的外沿翻折，下垂，上饰玲珑剔透的蟠虺透空花纹，形似朵朵云彩上下叠

■ 曾侯乙墓出土的青铜樽盘

圆雕 又称立体雕，可以多方位、多角度欣赏的三维立体雕塑。圆雕是艺术在雕件上的整体表现，观赏者可以从不同角度看到物体的各个侧面。它要求雕刻者从前、后、左、右、上、中、下全方位进行雕刻。圆雕作为雕塑的造型手法之一，应用范围极广，也是老百姓最常见的一种雕塑形式。

置。樽颈部饰蕉叶形蟠虺纹，蕉叶向上舒展，与颈项微微外张的弧线相搭配，和谐又统一。

在樽颈与腹之间加饰4条圆雕豹形伏兽，躯体由透雕的蟠螭纹构成，兽沿樽颈向上攀爬，回首吐舌，长舌垂卷如钩。樽腹、高足皆饰细密的蟠虺纹，其上加饰高浮雕虬龙4条，层次丰富，主次分明。

盘直壁平底，4龙形蹄足口沿上附有4只方耳，皆饰蟠虺纹，与樽口风格相同。4耳下各有两条扁形镂空夔龙，龙首下垂。

4龙之间各有一圆雕式蟠龙，首伏于口沿，与盘腹蟠虺纹相互呼应，从而突破了满饰蟠螭纹常有的滞塞、僵硬感。樽置于盘内，两件器物放在一起浑然一体。

樽是盛酒器，盘一般作为水器用，两者合为一器，樽内盛掺有香草汁的酒，祭祀时以献尸，宾礼时以饮客。整套器物纹饰繁缛，穷极富丽，其精巧达到先秦青铜器的极点。

尤其是器上镂空装饰，透视有若干层次，系用失蜡法铸造，这一发现，证实了在2400多年前的战国早期，我国的失蜡法铸造技术已经达到极高的水准。樽和盘均铸有"曾侯乙做持用终"铭文。

曾侯乙墓中青铜乐器还有一套编磬，通高1.09米、宽2.15米。青铜锉金磬架，由一对圆雕怪兽及其头上插附的立柱为虡，两根圆杆作为横梁，呈单面双层结构。兽顶插附的立柱从腰、顶两处与横梁榫接。横梁底等距焊铸铜环，以串钩挂磬。磬架施线条流畅的锉金云纹。

32块磬系用石灰石或大理石磨成，形若倨句，大小有异，分为两层4组。一磬虡兽舌上有"曾侯乙做持用终"铭文。

曾侯乙墓的青铜鹿角立鹤，通高1.43米，鹤高1.1米。鹤长喙上翘呈钩状，引颈昂首伫立，两翅展开作轻拍状。拱背，垂尾。鹤首两侧插有两支铜质鹿角形枝杈。鹤的头、颈和鹿角上有几何纹饰，其他部位有铸成和镶嵌的云龙纹。

此器造型别致，是一件独具风格的青铜工艺精品。鹤和鹿是长寿和吉祥的象征。把鹿角插入鹤头，将两者置于一身，可称之为"瑞鹤"。古人把仙人乘车称为"鹤驭""鹤驾"。

曾侯乙墓的青铜大樽缶通高1.24米，口径0.48米，足径0.69米，重327.5千克。

樽缶为古代盛酒器，这件大樽缶是我国先秦酒器中最大、最重的一件，堪

鼎食钟鸣
春秋战国青铜器

鹿 在古代被视为神物，认为鹿能给人们带来吉祥幸福和长寿。作为美的象征，鹿与艺术有着不解之缘，历代壁画、绘画、雕刻中都有鹿。现代的街心广场，庭院小区矗立着群鹿、独鹿、母子鹿、夫妻鹿的雕塑。一些商标、馆驿、店铺匾额也用鹿，是人们向往美好，祈盼财运兴旺的心理反映。

■ 曾侯乙墓出土的青铜鹿角立鹤

■ 曾侯乙墓出土的
青铜大樽缶

称"酒器之王"。它不但拥有足以傲视同类的巨大体形，而且在纹饰上也极尽精美。

器表由细密复杂的涡纹、重环纹、蟠螭纹、绚纹、雷纹、蕉叶纹、带纹、蟠蛇纹等构成，花纹花式统一，线条整齐划一。

大樽缶里面还存有酒液，历经2400多年没有泄漏，可见缶的密封性之好。这件大樽缶不仅对了解曾国的人文历史提供了珍贵实物资料，而且也让人感受到了当时贵族的豪饮之风。

还有一件青铜联铜禁壶，左边通高0.99米，口径0.33米，盖罩径0.53米，重106千克；右边通高0.99米，口径0.32米，盖罩径0.53米，重99千克；铜禁长1.17米，宽0.53米，重35.2千克。

壶为敞口，厚方唇，长颈，圆鼓腹，圈足。壶盖有衔环蛇形钮，盖外沿套装勾连纹的镂孔盖罩。壶颈两侧各有一攀附的龙形耳，器身饰蟠螭纹和内填蟠螭纹的蕉叶纹等。

两壶内壁均铸有"曾侯乙做持用终"铭文。铜禁在世界上仅见4件，而在湖北更是首次被发现。

墓中还有一件青铜冰鉴，通高0.61米，边长0.6米，重170千克。

鉴是古代用以冰酒或温酒的器具，它由内、外两件器物构成。外部为鉴，鉴内置一樽缶，鉴与樽缶之间有较大的空隙，夏天可以放入冰块，冬天贮存温水，樽缶内盛酒，这样就可以喝到"冬暖夏凉"的酒。

鉴和樽缶均饰以变形蟠螭纹、勾连纹和蕉叶纹等，并均有"曾侯乙做持用终"铭文。此器结构复杂，造型奇特，工艺精湛，是具有特殊用途的大型酒具，同时发现有两件，造型、纹饰、大小均同。

除曾侯乙墓的青铜器外，比较著名的还有战国早期的铜鸟兽纹壶，通体满嵌紫红色花纹，如果连同三角形的格栏，从上至下共有16层之多。

壶身主纹带重点表现龙、虎、兽面及鹿等多种动物，它们颇具抽象意味，形态活泼。在动物的周围还辅之以云朵、蕉叶一类花饰。在深色的胎体上，这些紫红色图案格外突出，具有强烈的装饰效果。

涡纹 近似水涡，故为涡纹。其特征是圆形，内圈沿边饰有旋转状弧线，中间为一小圆圈，似代表水隆起状，圆形旁边有5条半圆形的曲线，似水涡激起状。商代早期的涡纹是单个连续排列的，商代中晚期至春秋战国时期，一般与龙纹、目纹、鸟纹、虎纹、蝉纹等相间排列。多用罍、鼎、斝、瓿的肩、腹部，它盛行于商周时代。

■ 曾侯乙墓出土的青铜冰鉴

■ 战国时期青铜鸟兽纹壶

这些紫红色的图案是镶嵌而成的，原料并不是什么贵重金属，而是铸造青铜器所必需的纯铜，也就是红铜。两种基本相同的金属材料何以能够达到如此精彩的装饰效果呢？

原来，纯铜色泽紫红，延展性又好，易于镶嵌；而青铜本身颜色青灰或呈金色，两者的色彩和光泽均形成强烈反差，从而具有极佳的装饰效果。

中华祖先在2500多年前就充分认识到这一点，并把它应用到所铸造的青铜器中。他们在铜器上铸造出凹槽，在这些凹槽中填嵌红铜丝，大面积的花纹则两次浇铸红铜熔液；在填嵌完毕后再加以精心打磨。这一富有创新意识的工艺一经出现，便迅速在各地推广。

琉璃 古法琉璃，也称脱蜡琉璃。采用古代青铜脱蜡铸造技术纯手工加工制成，经过10多道手工工艺的精修细磨，在高温1000摄氏度以上的火炉里将水晶琉璃母石熔化后而自然凝聚成高贵华丽、天工自拙的琉璃。其色彩流云溢彩，精美绝伦；品质晶莹剔透、光彩夺目。

青铜时代

青铜文化与艺术特色

■ 曾侯乙墓出土的匜、盘

与此同时，人们还用黄金、白银等作为镶嵌材料；有的高级铜器上还镶嵌绿松石、琉璃和宝石。比如，1件鸟兽纹壶，有大面积红铜纹饰，应是采用两次浇铸红铜的技法铸造而成的。由于工艺相对复杂，发现的这类满嵌花纹的铜器数量很少，更多的是在铜器局部镶嵌上简单的花纹。

类似的如时代要略早于鸟兽纹壶的春秋时期铜兽纹樽缶，它的肩部用红铜嵌4组瑞兽，每组两个，一前一后，前者驻足回首，后者奋力追赶，两者相互顾盼，憨态可掬，活泼可爱。

■曾侯乙豆

阅读链接

1977年9月，在湖北省随州城郊，曾侯乙编钟重见天日。这是我国文物考古、音乐史和冶铸史上的空前发现。 当时，随州城郊擂鼓墩驻军扩建营房时，偶然发现了曾侯乙墓。

当勘测小组赶到现场时，部队施工打的炮眼距古墓顶层仅差0.8米，只要再放一炮，这座藏有千古奇珍的古墓就会永远不复存在。

1978年5月22日凌晨5时，墓室积水抽干后，雄伟壮观的曾侯乙编钟露出了它的真面目，所有在场的人都被这座精美绝伦的青铜铸器惊呆了：历经2400多年，重达2567千克的65个大小编钟整整齐齐地挂在木质钟架上。

编钟出土后，文化部的音乐家赶到现场，对全套编钟逐个测音。检测结果显示：曾侯乙编钟音域跨越5个八度， 只比现代钢琴少1个八度，中心音域12个半音齐全。

战国中晚期青铜器大量出现

至战国中晚期，许多铜器都变成素面的，而且服御器、日用器大量增加。代表器物有长沙、寿县等地发现的楚器、陕县后川发现的魏器等。

陈侯午敦，通高20米厘，口径17厘米。器呈素面圆球形。盖、器上对称分布3圈钮以为支点，在器口缘下两侧还各有一圈耳。器内底有画线界隔的铭文8行，共36字，记述了陈侯午用各诸侯所献青铜为其先母孝大妃做敦之事。

与齐桓公田午有关的还有陈侯午簋，高0.33米。由铭文可知，齐桓公田午在位第七年时，用诸侯送来的美铜铸了一件"陈侯午七年敦"；在位第

战国中期陈侯午敦

十四年时，又用各诸侯进献的美铜，铸了两件"陈侯午十四年敦"及一件"陈侯午十四年簋"。

关于战国时期中山国的历史，文献所载仅是片言只语，王室世系也不清楚。而遗留下来的中山王鼎、壶铭文为研究战国时期中山国的历史提供了重要资料。

在河北省平山山王墓中发现的中山国王所做铜鼎与方壶，与同时发现的嗣王所做圆壶合称"中山三器"，均有很长的铭文，记载了中山国的历史，补充了文献中的缺佚。

中山王鼎是我国发现的最大的铁足铜鼎，圆腹圜底，附耳，兽蹄足，覆钵形盖，顶有三环钮，通高0.51米，最大直径0.65米，顶盖及鼎腹部刻有铭文469个字，共刻有铭文77行，盖上两个字，腹部凸玄纹以上3个字，以下1个字。

方壶即通常所谓的钫，通高0.63米，腹径0.35米，腹的四面刻铭文450字。在壶盖上有4个抽象的龙形钮，在壶肩四棱上各雕塑有一条小龙，龙头冲上，独角大耳，颈背生鬃，长尾。

这些龙装饰的使用，为素光无花纹因而略显呆板的壶体增加了活泼气氛，而龙身无繁缛的花纹，与壶体协调相称，共同构成

■ 战国中期中山王鼎

铺首 多指门扉上的环形饰物，大多冶兽首衔环之状。商周铜饰上早已有之。它是兽面纹样的一种，有多种造型，嘴下衔一环，用于镶嵌在门上的装饰，一般多以金属制作，做虎、螭、龟、蛇等形。为表示避祸求福，祈求神灵像兽类那样勇敢地保护自己家庭的人财安全。

一种素雅明快之美感。

该壶的4个光平的腹壁上，用纤细的笔道、工整优美的篆书，刻下的长达448个字的铭文。

根据铭文的记载，这是一件中山国王命令其相邦铸造的酒器，选择燕国优质铜，铸造铜壶，按照禋祀的礼仪规定装酒，用于祭祀上帝和祖先。在铭文中说该器叫作彝壶，用来盛祭祀上帝、祖先的酒。

中山王鼎、壶的铭文内容相似，主要是赞颂相邦率师伐燕而建立的功勋，并谴责燕王哙让王位于燕相子之，因为"臣主易位，逆天违人，故身死国亡"。

文献记载，当时只是齐国趁机入侵，攻破燕都。据鼎、壶铭文，中山国的相邦司马也率师参加了这次伐燕，并夺地数百里，城数十座。齐伐燕事发生在公元前316年，鼎和壶的铸造时间当在此后不久。

圆壶为短颈鼓腹，两侧有二铺首，圈足，有盖，盖饰3钮，通高44厘米，腹径32厘米，腹与圈足皆有铭文，腹部铭文59行，182字。

鼎、壶的铭文如"皇祖文武、桓祖成考"，即记录了4位先王的庙号，连同做器者王，做圆壶者，这就衔接起了前后共6代中山王的世系，对文献所载中山武公前后的历史做了重要补充。

梁十九年鼎，也称"亡智鼎"，是战国晚期珍品，通高18厘米、口径17厘米，重4100克，容积3075毫升。扁圆体，附耳向外曲张，3条矮蹄足，浅腹圜底，盖隆起，上有3个凫形钮。腰上有一粗弦纹铭文字数，口下刻铭文35字。

青铜刀币是战国时期的货币，有"折刀"，也有"直刀"。折刀是燕国、中山国、齐国等地的铸币，分为弧折、磬折；弧折较早。面文有字，有释为"明"、有释为"易"、有释为"匽"。背文有纪地、纪数、纪炉座、纪名物等；直刀是赵国、中山国铸币。钱文多用于纪国地区。

战国时期楚文化得到蓬勃发展，因此这一时期的青铜器也很有代表性。如在安徽省寿县楚王墓发现的铸客铜鼎，又名楚大鼎或大铸客鼎。楚国青铜炊器，通高1.13米，口径0.87米，耳高0.36米，腹深0.52米，腹围2.9米，足高0.67米，重约400千克。

该铜鼎圆口，方唇，鼓腹，圆底，三蹄足。颈侧附双耳，耳的上部外侈。腹饰一周突起的圆箍。箍上饰模印花纹，双耳和颈部外壁饰模印菱形几何纹，足根部饰浮雕漩涡纹。鼎口平沿刻铭文12字，刻铭开头即是"铸客"两字。

铜鼎的前足和腹下均刻有"安邦"两字吉语，又因此鼎在数千件楚器中最为雄伟，堪称楚王重器，特冠一"大"字，是周代以来最大最重的鼎。

司马　古代官职，相传为帝少昊开始设置司马一职，为天下军事长官，周代称为夏官大司马。周宣王时帝姬颙顼的后裔程伯休父任司马一职，春秋时，在宋、卫、齐等国的公族子弟中也有任司马一职的，其后代也有以司马为姓的。

■战国镶嵌纹铜敦

战国青铜刀

青铜器在此时发展越来越精致，比如，在河北省平山县发现的一件铜器金银，通高0.36米，上框边长0.47米，环座径0.31米，重18.65千克。

铜器周身饰金银花纹。下部有两牡两牝4只侧卧的梅花鹿环列，四肢蜷曲，驮一圆环形底座。中间部分于环座的弧面上，立有4条神龙，分向四方。四龙独首双尾。龙身盘绕纠结之间四面各有一凤，引颈长鸣，展翅欲飞。上部龙顶斗拱承一方形框，斗拱和框饰勾连云纹。

这件案面原为漆板，已腐朽不存，仅留铜案座。它的造型内收而外敞，动静结合，疏密得当，一幅龙飞凤舞图跃然眼前，突破了商、周以来青铜器动物造型以浮雕或圆雕为主的传统手法。

另外，4个龙头上各有一个斗拱，第一次以实物面貌生动再现出战国时期的斗拱造型。

青铜时代

青铜文化与艺术特色

阅读链接

春秋晚期至战国时期，由于铁器的逐渐推广使用，铜制工具越来越少。

我国古代铜器，是我们的祖先对人类物质文明的巨大贡献，虽然从目前的考古资料来看，我国铜器的出现，晚于世界上其他一些地方，但是就铜器的使用规模、铸造工艺、造型艺术及品种而言，世界上没有一个地方的铜器可以与我国古代铜器相比拟。这也是我国古代铜器在世界艺术史上占有独特地位并引起普遍重视的原因之一。

秦汉及后青铜器

　　战国末至秦汉末这一时期，传统的礼仪制度已彻底瓦解，铁制品已广泛使用。至东汉末年，陶瓷器得到较大发展，把日用青铜器皿进一步从生活中排挤出去。至于兵器、工具等方面，这时铁器早已占据主导地位。

　　隋唐时期的铜器主要是各类精美的铜镜，一般均有各种铭文。自隋唐以后，青铜器便不再有什么发展了。正因为这样，秦汉至隋唐的千百年间，所遗留下的青铜器便更显得弥足珍贵了。

秦朝体现帝王气概的青铜器

公元前221年，秦王嬴政扫平齐、楚、燕、韩、赵、魏六国，统一中国，建立了大秦帝国。

历史上，秦始皇及其仪仗队曾经5次浩浩荡荡巡视统一后的秦帝国。秦始皇坐在装饰精美华丽的车上，威风八面，在前呼后拥的皇后、嫔妃、宠臣、文武百官、皇子公主侍候下，踏上出巡征程。

秦始皇陵铜车马

■ 秦始皇陵铜车马

秦始皇坐的车称为"金银车"，由6匹马所驾，让太仆亲自赶车。前面的马以虎皮蒙着眼，警跸车开道；后面的马挂着豹尾，并用桃木制作的弓箭辟邪驱魔，其场面之大出乎常人想象。

铜车马，称立车，又叫高车，属仪仗中负责警卫性质的兵车。因为驭手的驾车姿势不同，而有"立为高、坐为安"的分别。

秦始皇做了皇帝之后，就开始修建自己的陵寝，按照"事死如事生"的观念，其陵寝中也有车马、兵器等陪葬品。而在秦始皇帝陵铜车马坑，便发现了两辆用青铜制作，以4匹马拉的战车。

被编号为1号的战车是立车、单辕双轮，车厢为横长方形，车门在车厢的后面，车上有圆形的铜伞，伞下站着御官，双手驭车，前驾4匹马。

2号车为安车，也是单辕双轮。车厢为前后两室，两者之间有窗，上车的门在后面，上有椭圆形车

太仆 指官名，始置于春秋，秦、汉沿袭，为九卿之一。是秦汉时主管皇帝车辆、马匹之官，后逐渐转为专管官府畜牧事务，车府主管皇帝乘坐的车辆，其余皆为主管马厩之官。太仆更重要的职掌是兼管官府的畜牧业。

盖。车体上绘有彩色纹样，车马均有大量金银装饰。

秦始皇陵铜车马两乘总重量2.3吨，由6526个零部件组装而成，这两辆铜车马都是事先铸造而成，后又经过细部加工的。是造型最大、系驾关系最齐全、制作工艺最复杂的陪葬车马。因工艺过于复杂，陪葬物仅是实用物的二分之一大小。然尽管如此，它依然堪称我国古代冶金史上的奇迹，被誉为"青铜之冠"。

1号战车为单辕双轮车，车内配置了弩、矢、盾等多种兵器。辕长2.46米，轮径为0.59米，通高1.25米，总重量1061千克，由3064个零部件组成。

车前套驾4匹铜马，中间的两匹服马举颈昂首正视前方，两边的骖马略视外侧，马口微起，鼻孔翕张，像是正在喘息一般。两侧马头微向外转，静中寓动，造型风格和秦陵陶马相似。

伯乐《相马经》一书中论述骏马时说：马头要方，目要明，背要平，胸要厚，腿要长。

这4匹马无一不符合这些条件，它们个个耳若削竹，目似悬铃，头方肚圆，脊干平整，胸部肌肉隆起，腿部筋腱隐隐可见，就连马口中的6颗牙齿都铸得清清楚楚，表明这些马正处于精力最充沛的青壮年时期。

车上立一御官俑，头戴鹖冠，身佩宝剑，身份相当于兵马俑坑中的将军俑。他目视前方，谨小慎微，体现出古代封建社会森严制度下"伴君如伴虎"的高度紧张感。

然而，严肃的表情中又透出一丝轻松。这是因为，他并不是为皇帝御驾而仅是护卫，表现了心理上的一种踏实。秦代雕塑家一丝不

秦代铜矛

秦代编钟

苟、入木三分的雕刻技艺，令人叹为观止。

车分前后，平面呈"凸"字形，凸突部分是驭手所坐之处。跪坐着的铜御者高0.51米，重52千克。其神态恭敬中又有一丝得意，充分表现出一个高级奴仆的心理。

车室的后面有门，左、右与正前辟有3个窗户。正前窗板为镂空的菱形花纹，窗板可以开启，便于主人与驭手互通信息。

两侧窗可以前后推拉，窗板也是镂空菱形纹，从室内可以观察到车外的情况，但外面的人难以看清车内。篷盖面积达2.3平方米，将驭手也罩在下面。篷用铜骨架、铜条支撑，上覆以绢帛。

4匹马的高度为0.91—0.93米，长度为1.1—1.5米。4匹马的重量也不相同，分别为177千克、180.7千克、183千克和212.97千克。耸立于马头之上的是车撑，用于支撑车辕，这样在长途中休息时可减轻马的压力。

2号战车通长3.17米，高1.06米，总重量为1241千克，由大小3462个零部件组装而成，其中青铜制件1742个，黄金制件737个，白银制件983个。

铜车马是帝王之车，其装饰极尽豪华富贵。在这辆车上，所用的金银饰重达7500克。加之大量施以彩绘，使整个铜车马显得雍容华贵、光彩夺目。

尤其是铜车马的冶金铸造技术更是令人惊叹不已，采用了铸造、焊接、铆接、子母扣连接等10多种工艺方法制作而成。

如车上的伞篷盖，当初采用了浇铸和锻造两种工艺。伞盖最厚处有0.4厘米，最薄处仅仅0.1厘米，而且有一定弧度。如浇铸水平不高，就会在制造过程中导致铜液流动停滞不前的后果。而秦代工匠能做得如此完美，充分体现了他们高超的技术水平和卓越的创造力。

车窗两头的内孔滚圆，如车门、前窗用的活动铰页，系马肚子、马颈的套环采用了策扣连接。

值得特别提出的是磨和彩绘相结合，大大增强了艺术效果。作者按马体的不同部位的毛向锉磨，再涂彩色，造成真实的皮毛感。细部的真实和鲜明的质感是这乘铜车马造型艺术的一大成就。

车马通体彩绘，图案花纹风格朴素、明快、大方，以白色为基调的彩绘肃穆典雅，配以大量的金银构件，更显得华贵富丽，这套大型的人俑车马代表了秦代青铜铸造工艺的突出成就。

秦陵铜车马综合各种工艺技术于一车，是秦代青铜制造、冶金工艺达到高度成熟的集中体现，是中华民族具有光辉灿烂古代文明的历史见证。

秦始皇陵有大型的兵马俑坑，在这里发现的青铜剑

垂鳞纹秦公铜鼎

比春秋时代的吴、越王剑晚了近200年，两者最大的不同在于长度。春秋以前的剑很短，只有二三十厘米长，春秋时的剑发展到0.5—0.7米左右，而秦陵完整的9把剑，最长的达0.94米，最短的也有0.81米。

这反映了剑的功能从主要以显示身份的象征物向战场上实用兵器方向发展。

另外，秦剑在设计上不仅长，而且薄、窄，状如柳叶，特别是剑身不完全平直，在离剑头的地方有束腰，即呈弧形内收，从而增加了穿刺的速度和力量。另外，秦剑全是铸造成形，然后进行锉磨。锉磨之后，采用抛光工艺，使剑身光亮平整，没有砂眼，经测试，光洁度很高。2200年前的加工技术能达到这么高的水平，令人惊异。

青铜剑一般都是短剑，它无法做长的原因是青铜材料易折断。在青铜时代，铸剑的关键是在冶炼时，向铜里加入多少锡。锡少了，剑太软；锡多了，剑硬，但容易折断。

秦兵马俑坑中发现了一把完全不同的青铜剑，这把剑的长度竟然超过了0.91米。秦王剑之所以长度超出0.6米，不仅仅是因为添加锡的比例，主要还是它的外形决定的。

秦王剑从正面看，由剑锷部开始到剑尖，整把剑的形状是呈梯形由宽至窄逐渐变窄，从侧面看，也是由粗变细的，剑身的形状略似于锥体，这样的形状可以减少剑身前端承受的应力，自然不容易折断。

秦剑的代表左剑通长0.93米，身长0.72米。右剑通长0.92米，身长

秦陵出土青铜鹤

■秦代青铜镜

0.71米。两剑的形制相同，剑体长而窄薄，中部起纵脊，近锋处束腰，而且首、格、鞘附件齐全。特别是剑通体光亮，刃锋锐利。经检测，剑表面经过铬盐氧化处理。我国在2000多年前就发明了这种先进的工艺，堪称冶金史上的奇迹。

除秦皇陵青铜车马和剑之外，秦朝比较著名的青铜器还有在陕西咸阳长陵车站发现的秦青铜蒜头壶，高0.37米，环形腹，细长颈，在壶的近口处鼓大呈蒜头状，分为6瓣。盖底，圈足，通体素面。

另外还有两诏椭升、北寝壶、弦纹鉴等，也都是秦朝不可多得的青铜精品。

阅读链接

秦朝时，铁器全部用来生产农具，那个时候铁的冶炼技术还不成熟，农具相比于武器显然对冶炼技术的要求更低，因此可以用最先进的铁器去生产粮食。

但武器要求的是可靠性和制造成本的低廉，还有大范围的普及，从这些方面来看当时的青铜冶炼技术最成熟，所以秦军武器多是青铜的。

汉代青铜器彰显匠心独运

公元25年，刘秀建立东汉，定都洛阳，开创了光武中兴和明章之治。汉朝时期，我国是当时世界上最先进的文明及强大帝国。而且文化的统一，为中华民族两千年的社会发展奠定了基础，为中华文明的延续和挺立千秋做出了巨大贡献，华夏族因此逐渐被称为"汉族"。

东汉铜轺车

■ 西汉单环耳铜鍪

镏金 是一种金属加工工艺，也称为涂金、镀金、鎏金、流金，是把金和水银合成的金汞剂，涂在铜器表层，加热使水银蒸发，使金牢固地附在铜器表面不脱落的技术。镏金是我国古代劳动人民在生产劳动中总结创造的工艺，始于战国。

在汉朝，我国的青铜制造主要是以一些皇家和贵族用具为主。比较著名的有长信宫灯、锉金云纹博山炉、马踏飞隼、镂空云纹壶、楚大官壶、弦纹镏金熊足樽、龙纹矩形铜镜、兽钮熊足鼎等。

西汉之初，刘揭在消灭吕后的势力中立下了汗马功劳，因此被封为阳信夷侯。汉景帝时期，刘揭的独生子因参与"七国之乱"而被废除了爵位，他的财产被没收，进入了长信宫，其中就包括一盏做工精巧的青铜灯。

长信宫是汉景帝时皇太后窦氏居住的宫殿，这盏灯被送入长信宫浴府使用，故又增加了"长信宫"字样的铭文以示宫灯易主。后来，这盏灯又由窦氏送给她心爱的孙儿刘胜。刘胜之妻窦绾将铜灯视为珍宝，死后就将灯随她埋入河北省满城县中山靖王刘胜夫妻墓中。

此灯的形态为一跪地执灯的梳髻覆帼，着深衣的跣足年轻侍女，手持铜灯。整件宫灯通高0.48米，重15.85千克。由头部、右臂、身躯、灯罩、灯盘、灯座6个部分分别铸造组成，头部和右臂可以组装拆卸，便于对灯具进行清洗。

宫灯部分的灯盘分上下两部分，刻有"阳信家"铭文，可以转动以调整灯光的方向，嵌于灯盘沟槽上的弧形瓦状铜板可以调整出光口开口的大小来控制灯光的亮度。右手与下垂的衣袖罩于铜灯顶部。

宫女铜像体内中空，其中空的右臂与衣袖两片弧形板合拢形成铜灯灯罩，可以自由开合。燃烧的气体灰尘可以通过宫女的右臂沉积于宫女体内，不会大量散逸到周围环境中。灯罩上方部分残留有少量蜡状残留物，推测宫灯内燃烧的物质是动物脂肪或蜡烛。

灯盘有一方銎柄，座似豆形。宫灯表面没有过多的修饰物与复杂的花纹，在同时代的宫廷用具中显得较为朴素。灯座底部刻铭文9处，共65字，内容包括灯的重量、容量、铸造时间和所有者等。

宫灯通体镏金，光彩熠灼。宫女身穿长衣，衣袖宽大，她面目端庄清秀，凝眸前视，目光十分专注，头略向前倾斜，神情恭谨、小心翼翼，表现出一个下层年轻宫女所特有的神态。宫女双手持灯，左手持灯盘，右臂上举，宛如举灯相照的神态。

长信宫灯采取分别铸造，然后合成一体的方法，此灯设计之精巧，制作工艺水平之高，在汉代宫灯中首屈一指。

长信宫灯形象秀美，设计精妙，将灯的实用功能、净化空气的原理和优美的造型有机地结合在一起，整个造型自然优美、舒展自如、轻巧华丽，一改以往青铜器皿的神秘厚重，是一件既实用又美观的灯具珍品，体现了古代匠师的创造才能以及当时的科学技术水平。

■ 西汉长信宫灯

长久以来，长信宫灯一直被认为是我国工艺美术品中的巅峰之作和民族工艺的重要代表而广受赞誉。这不仅在于其独一无二、稀有珍贵，更在于它精美绝伦的制作工艺和巧妙独特的艺术构思，堪称"中华第一灯"。

刘胜墓同时发现的一件金青铜云纹博山炉高0.26米，腹径0.15米。炉身呈半圆形，炉盘上部和炉盖铸出高低起伏的山峦。博山炉汉代开始出现，多为铜铸，后代多有仿作。香炉起因于焚香习俗。

西汉初期，汉武帝之前，已经有了许多专用于焚香的香炉。古人多采用焚烧香料的办法驱逐蚊蝇或去除生活环境中的浊气。特别是在南越，薰香的风气更盛。但那时所用香炉造型大都非常简单。

汉代神仙方术流行，汉武帝嗜好薰香，也信奉道教。道家传说东方海上有仙山名称"博山"。武帝即遣人专门模拟传说中博山景象制作了一类造型特殊的香炉，即博山炉，博山炉盖呈尖锥状山形，仿佛传说中的海上仙山。

汉代博山炉

刘胜墓发现的这件锉金青铜云纹博山炉，炉盖呈尖锥状，博山，因山势镂孔，雕塑出生动的山间景色。通体用金丝和金片锉出流畅、精致、舒展的云气纹，金丝有粗有细，细的犹如人的头发丝一般。座把呈透雕3龙出水状，龙首顶托炉盘，象征着龙为沟通天、地、人三界的神兽。

炉盘装饰以锉金流云纹。盘上部铸出峻峭起伏的山峦，奇峰耸出，山林间饰锉金线神兽出没、虎豹奔走，轻捷的小猴蹲踞在高层峰峦或骑在兽身上嬉戏玩耍。

猎人们出现在山间，有的肩负弓弩，有的正在追捕逃窜的野猪，气氛紧张，画面生动。两三棵小树点缀其间，刻画出了一幅秀丽山景和生动的狩猎场面。

当薰香点燃时，香烟透过峰谷间铸有的空隙缭绕于山间，产生山景迷蒙，群兽灵动的奇异效果。炉器座较低，座把由透雕的3条蛟龙腾出波涛翻滚的海面，盘成圈足，以龙头擎托炉盘随风飘荡的流云。

被"锉金锉银"工艺装饰过的器物表面，金银与青铜呈现出不同的光泽，彼此之间相映相托，将图案与铭文衬托得格外华美典雅，色彩对比纹饰线条更加鲜明，艺术形象更为生动。该作品色彩黑、黄呼应，工艺精湛，装饰华美，是一件古代青铜珍宝。

汉时博山炉有竹节形长柄熏炉和短柄龙座熏炉等形制，而以短柄博山炉最为常见，其器身较短，较适合于当时席地而坐时置于席边床

汉代蒜头嘴铜扁壶

前或帱帐之中。而另一类长柄炉多适用于宴会等公共场合。

汉武帝之后，博山炉依然十分流行。据记载，汉宣帝时的博山炉上还刻有刘向做的铭文："嘉此王气，崭岩若山；上贯太华，承以铜盘；中有兰绮，朱火青烟。"

据《西京杂记》记载，汉成帝时，长安的著名工匠丁缓，就曾制作了极为精巧的9层博山炉，镂以奇禽异兽，"穷诸灵异，皆自然运动"。丁缓还做出了更为著名的放在被褥里用的"被中香炉"，其原理与现代航空陀螺上的万向支架完全相同。

博山炉盛行于两汉与魏晋时期。后来，这种炉盖高耸如山的博山炉逐渐演变成香炉的一个固定类型。后世历代都有仿制，并各有变化，留下了各式各样的博山炉。

虽然在博山炉之前已经有了熏炉，但都不像博山炉那样特点明确，使用广泛，影响久远，所以人们也常将博山炉推为香炉的鼻祖，并常把"博山""博山炉"用作香炉的代称。

"锉金锉银"工艺到了战国时期已经发展得十分成熟，不仅容器、带钩、兵器等使用"锉金锉银"，在车器、符节、铜镜和漆器的铜口、铜耳等处，也大量使用精细的"锉金锉银"纹饰。

因为这种工艺制作复杂，材质昂贵，所以当时也只有贵族才能使用。而东汉以后，盛极一时的"锉金锉银"工艺逐渐被当时的战乱淹没了。

马踏飞隼，又名马踏飞燕、马超龙雀、铜奔马，发现于甘肃省武威市雷台的东汉墓。墓主身份，依考据马俑胸前的铭

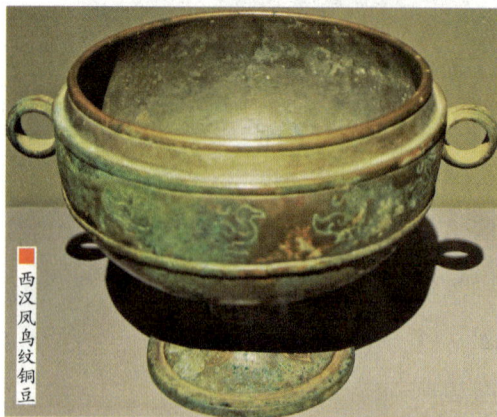
西汉凤鸟纹铜豆

文，应为"守张掖长张君"陆墓，赙赠者为"左骑千人张掖长"。

西汉初年，由于张骞开通了"丝绸之路"，大宛国的特产大宛宝马也传入了中原，汉武帝非常爱好这种宝马，称之为"天马"。

马踏飞隼就表现了一匹躯体庞大的大宛宝马踏在一只正疾驰的飞隼背上，隼吃惊地回过头来观望，表现了骏马凌空飞腾、奔跑疾速的雄姿。真正形成了天马行空的一种神奇的势态，产生一种强烈的动感，的确是一件引人入胜的古代造型艺术精品。

奔马身高0.34米，身长0.45米，宽0.13米。形象矫健俊美，别具风姿。马昂首嘶鸣，躯干壮实而四肢修长，腿蹄轻捷，三足腾空、飞驰向前，一足踏飞隼着地。这匹铜奔马以隼作为托衬，主要是为了表现马奔跑的神速。因为隼飞行的速度可达每秒80米，只有大宛宝马才具有这样的优良特性。

从力学上分析，马踏飞隼为飞隼找到了重心落点，造成稳定性。"马踏飞隼"虽然是静止的，但却给人以静中有动、半空虚蹈、一跃千里的感觉。铸造以娴熟精深的技巧，把所具有的力量和速度整合成充沛流动的气韵，并浑然一体地贯注在昂扬的马首、流线型的身躯和刚劲的马腿上。

这种浪漫主义手法烘托了骏马矫健的英姿和风驰

■ 马踏飞燕——铜奔马

汉武帝（前156—前87），即刘彻，西汉的第七位皇帝，杰出的政治家、战略家、文学家。汉武帝时期奠定了中华疆域版图，首开丝绸之路、首创年号，兴太学。汉武盛世是我国历史上的三大盛世之一。

张骞（约前164—前114），汉代卓越的探险家、旅行家与外交家，他对丝绸之路的开拓有重大的贡献。他开拓了汉朝通往西域的南北道路，并从西域诸国引进了汗血马、葡萄、苜蓿、石榴、胡桃、胡麻等。

电掣的神情，给人们以丰富的想象和感染。既有力的感觉，又有动的节奏。

马踏飞隼中的马同一侧的两条腿同时向一个方向腾起，这种姿态有一个专门的术语叫"对侧步"。这在一般马的奔跑中是看不到的。但是可以在野马及其他野生动物那里，欣赏到这种步伐的风采。难怪人们认为它反映的是天马的雄姿。

汉朝的青铜珍品，还有在山东淄博古墓陪葬坑发现的东汉齐王墓"龙纹矩形铜镜"，镜长1.15米，宽0.57米，重56.5千克。背部有5个环形弦纹钮，两短边又各铸两钮。每一环钮四周饰柿蒂形纹。背又饰有夔龙纠结图案，卷曲交错自如。

这件大型铜镜大概要用柱子和座子加以支撑，镜背面和边上的钮可能就是与柱子和座子固定时用的。另外，在四川省绵阳市汉墓发现的东汉青铜摇钱树也为青铜精品，通高1.98米。整体由基座、树干、树冠等共29种部件衔接扣挂而成。

基座为红陶质，树用青铜浇铸。树冠可分7层，顶层饰凤鸟为树尖；其下两层的树干与叶合为一体，饰西王母、力士和璧等图案；下部4层插接24片枝叶，向四方伸出。饰龙首、朱雀与犬、象与象奴、朱雀与鹿以及成串的钱币等图案。

■ 汉代铜驼钮印

特别有意思的是，树干上有造像，两侧各有一条飞龙。人像站立状，身着袍衣，双手下垂合于腰前，整体造型美观而大方。

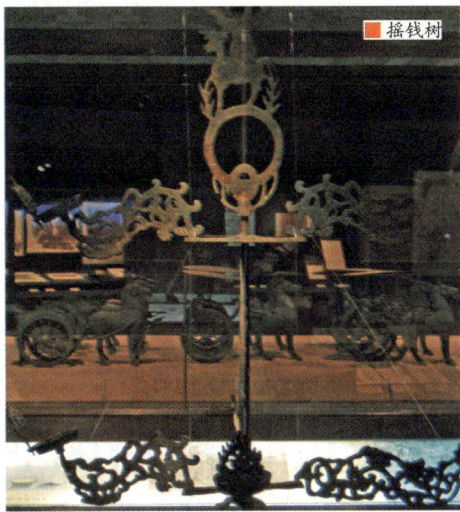
■ 摇钱树

细看枝叶，每两片为一对，有如芭蕉叶的，叶片上铸有圆形方孔钱，每钱相互连接，铸有一人做弯腰伸臂捡钱状，叶片外侧四周犹如太阳的光芒，延生出许多长短不一的万缕细丝。有如椭圆形的，一头为核桃大小的圆环，两侧铸有飞龙，龙头顶着钱币，两龙之间用钱币连接，叶片外侧如同刺猬般的短刺所包裹。

阅读链接

1969年9月10日，甘肃省武威地区金羊乡新鲜大队的民工，在武威县北郊雷祖庙的雷台之下开挖战备地道时，无意间挖掘出了一座东汉的将军墓，出土文物共计231件，其中有一雄伟壮观的仪仗队，在仪仗队伍的最前面带头的，就是马踏飞隼。

开始时，考古人员认为这只飞鸟的原形是燕子，就把这匹铜奔马取名为"马踏飞燕"，俗称"马踏飞鸟"。后来大家再经过仔细辨认，发现这只飞禽尾部的羽毛不是分开的，而燕子的尾部是分开成剪刀形状，所以它不应该是燕子。另外从马与飞禽身体比例来看，飞禽也显得很大，因此它应该就是隼。

1985年，武威市将"马踏飞隼"定为象征武威腾飞的城标。1986年，被定为国宝级文物。

汉代以后珍稀的青铜精品

我国两晋南北朝至隋唐时期，青铜器制作开始走向衰退，至宋元明清时期，流行的则是对古代青铜器的仿制，仍然坚持向前发展的只有铜镜的制作。三国、两晋、南北朝至隋统一前这300多年间，虽然战争长期不断，但期间也有相对的和平稳定时期。

这一时期的青铜冶铸业，南方较北方兴盛，在湖北鄂城曾发现了吴、晋时期的采铜和炼铜遗址，并红烧土和炼渣，但从总体看，比两汉时代衰退了。湖北鄂城是孙吴前期的都城，据传世或发现的铜镜镜铭看，当时在鄂城设有铜镜制造行业，当地冶铜业颇为兴盛。这一时期的青铜制品，从器物种类到风格特征，主要是沿袭两汉以来的传统，但一般较汉代铜器要粗糙许多。

魏晋时期铜独角兽

而由于各民族融合，在青铜器铸造上也表现了各民族相互学习和借鉴而形成的共同文化特点，当然，有些青铜器在一定程度上也反映了某一民族的特色。

三国、两晋时期铜器种类仍以日常生活中使用的器皿为主，主要有釜、鐎斗、勺、酒搏、耳杯、洗、博山炉、灯、炭炉、熨斗、唾壶和铜镜等；武器主要有弩机、刀等；车、马器主要有镶、辖。

西晋时期比较有代表性的是一件龙首柄鐎斗，敞口，带流，曲折龙柄，竹节足。鐎斗的柄端做成龙首，口微开，口内含珠，龙角向后紧贴长颈，龙眼外凸炯炯有神地探视前方，长颈曲折，恰似蛟龙横空腾飞，形象生动。此器仍完好无损，弥足珍贵。

鐎斗又称"刁斗"，是古代青铜炊具，盛行于战国汉及魏晋时代，一般认为鐎斗为温羹器，是军队用的一种铜制的锅，白天用它烧饭做菜，夜里做打更的柝用。器身做盆状，腹较深，可储食物。

腹下三足临空着地，供堆放柴火燃料加热之用。这一时期，鐎斗形体常常较先前瘦高些，腹沿伸出一长柄，柄端常做成龙首形或兽头形，便于握提。

两汉时代的酒樽，多做圆形，直壁或圆形鼓腹，下均有3短足，有的在腹壁有两铺首。两晋时期的酒

孙吴 我国三国时期由孙权建立的政权。在三国之中，水军最强，占据扬州与荆州大部地区及交州全境。孙权以其地古为吴国，而封为"吴王"，国号以此得名。所统治地区古称江东，因此又称"东吴"，以皇室姓孙，又名"孙吴"。

樽有的则做成长筒形、平底。

铜洗在江苏宜兴晋周处墓和其他地区的晋墓都有发现，其特点基本上沿袭汉代作风。

这时期铜灯上常有纪年，传世的西晋元康元年雁足灯即是，而且雁足灯是三国两晋时期铜灯的主要类型。这一时期青铜弩机相当发达，在形制上与两汉不易区别，但许多弩机均具铭，有的还有纪年，因而可确定其绝对年代，如魏青龙三年弩机。

三国两晋时代的青铜生活用器已进一步被陶瓷器、铁器所代替。青铜器以素面为主，外表较粗糙，仅少部分青铜器具有简单的弦纹，铜洗中饰有鱼纹，也有少数制品鎏金。

铜镜的制作这时得到全面发展，如做于公元273年的神兽镜，属西晋宫廷器具，发现于河南省淇县。镜面圆形，球形钮，钮外浮雕环绕式神兽，结跏趺坐仙人，外有钤印式铭文。

■ 南北朝青铜饰件

虎符 是古代皇帝调兵遣将用的兵符，用青铜或者黄金做成伏虎形状的令牌，劈为两半，其中一半交给将帅，另一半由皇帝保存，只有两个虎符同时使用，才可以调兵遣将。

■ 折沿双耳铜洗

南北朝对峙时代，南、北两方的经济都有一定程度的恢复发展，在各族人民的长期交往中，加深了民族间的融合。这时的青铜冶铸业虽已衰落，但在很大程度上表现了民族文化交流的特点和某些民族的特色。

■ 唐代狩猎纹方镜

　　南朝宋、齐、梁、陈四朝，青铜器的主要种类有锥镳斗、勺、熨斗、碗、杯、盘、唾壶、虎符等。在湖北省当阳市长坂坡一座南北朝墓发现的铜制品种类较多，有一瓶、一盆、一唾盂、一高足杯、一铜熏。随葬铜制品种类如此丰富，在南北朝墓葬中是少见的。

　　这时期镳斗造型多微侈口，盆形平底，直腹或斜腹，口上一侧常有一流，三高蹄形足，直柄或折柄。

　　在江苏省镇江发现的548年的青铜熨斗特征是直腹、平沿、直柄。共有4件，最大的一件熨斗上有朱书文字"一千太清二年二月十六日张"。

　　青铜碗为扁圆腹，矮圈足。如广东省韶关的一件在器身与口沿还饰有4道弦纹。

　　隋朝时，各种手工业部门主要在官府控制下制作产品。国家设少府监，"由少府监统左尚、右尚、司织、司染、铠甲等署"。

　　唐朝朝廷也设有管理各种手工业的机构，其中矿冶业与隋朝一样仍由少府监下的掌冶署管理，掌冶署"掌熔铸铜铁器物之事"。从文献记载看，唐朝采

结跏趺坐 坐法之一。即互交两足，将右脚盘放于左腿上，左脚盘放于右腿上的坐姿。在诸坐法之中，以此坐法为最安稳而不易疲倦。又称交一足为半跏趺坐、半跏坐；交两足为全跏趺坐、大坐、莲花坐，此为圆满安坐之相，诸佛皆依此而坐，故又称如来坐、佛坐。

矿冶铸业非常发达，冶铜的处所已达96处。从这时期的青铜器实物资料看，铜镜铸造业此时得到高度发展。隋唐统治者对铸造铜镜颇为重视，如唐中宗时曾"令扬州造方丈镜，铸铜为桂树，金花银叶，帝每骑马自照，人马并在镜中"。

文献还记载扬州要对朝廷进献，"土贡：金、银、铜器、青铜镜。"江苏省扬州市西扫垢山有一处多种手工业作坊遗址，其中即包括冶铸造坊。

唐代景云钟铸于公元711年，故名。此钟原为唐长安城内的景龙观钟楼所用，明初移至西安钟楼用以报时。

景云钟高2.47米，腹围4.86米，口径1.65米，重6吨。用铜锡合金铸成，铸造时分为5段，共26块铸模，钟体可见铸模痕迹。钟形上锐下侈，口为六角弧形。

钟身有可调节音律的"蒲牢"形钟乳32枚，钟声纯美优雅，清脆洪亮。钟身周围铸有纹饰，自上而下分为3层，每层用蔓草纹带分为

碑林唐代景云钟

6格，共18格。格内分别铸有飞天、翔鹤、走狮、腾龙、朱雀、独角独腿牛等图案，四角各有4朵祥云，显得生动别致。

钟身正面有骈体铭文一段，共292字，分为18行，每行17字，空格14字，字体为篆隶的楷书。此铭文由唐睿宗李旦亲自撰文并书写，内容是宣扬道教教义，阐述景龙观的来历、钟的制作经过以及对钟的赞扬，是李旦传世极少的珍贵

■ 明代永乐大钟

书迹。

几百年后，明代永乐年间，又出现了我国最大的青铜大钟，即永乐大钟，明永乐年间在北京德胜门铸钟厂铸成，铸造工艺精美，为佛教文化和书法艺术的珍品。撞击之，音色好，衰减慢、传播远。充分显示铸造工艺高超，奇妙独特。

初创于2000多年前商周时代的陶范法，至明代，在能工巧匠手中早已成为驾轻就熟、炉火纯青的工艺。他们能够制作出精美实用的大钟。

明成祖朱棣登基之后，想通过铸佛钟来超度死去将士的亡灵，并假借佛祖之名为自己篡位找到一个借口。道衍和尚猜出了明成祖的心思，请旨铸钟，于是诞生了"永乐大钟"。

永乐大钟上的铭文据说是大书法家沈度率京中名士先在宣纸上把经文写就，然后用朱砂反印到钟模上，

飞天 意为飞舞的天人。在我国传统文化中，天指苍穹，称为天意。在佛教中，娑婆世界由多层次组成，有诸多天界的存在，这些天界的众生为天人。飞天原为古印度神话中的歌舞神和娱乐神，他们是一对夫妻，后被佛教吸收在天龙八部众神之内。

明代人物多宝纹铜镜

再由工匠雕刻成凹陷的阴文。剩下的事，便是以火为笔，以铜为墨，将这光洁挺秀、见棱见角的22.7万金字一挥而就了。

1420年前后，永乐大钟铸成，朱棣传旨把大钟悬挂于汉经厂。汉经厂位于紫禁城的边上，属于皇家宫殿群的一部分。

永乐大钟可以说是一口集我国各类古钟之大成的巨钟。它通高6.75米，最大直径3.3米，钟壁厚度不等，重约46吨。钟体内外遍铸经文，共22.7万字。

铜钟合金成分为：铜80.54％、锡16.40％、铝1.12％，为泥范铸造。除含有铜、锡、铅、铁、镁外，还含有金和银，而且含量很高，其中含金18.6千克、含银38千克。

金铸在铜器中，可防止锈蚀，银则可提高浇铸液的流动性，这正是永乐大钟500多年保持完好，钟声依然洪亮悠扬动听的原因。

永乐大钟有"五绝"：第一绝是形大量重、历史悠久。第二绝是永乐大钟是世界上铭文字数最多的一口大钟。第三绝是大钟奇妙优美的音响，有人给永乐大钟的钟声下了8个字的评语，"幽雅感人、益寿延年"。第四绝是大钟科学的力学结构。永乐大钟的悬挂钮是靠一根与钟体相比显得很小的铜穿钉连接的。别看穿钉很小，却恰恰在它所能承受40多吨的剪应力范围之内。第五绝是大钟高超的铸造工艺。

最为举世罕见和引人惊叹的奇迹，莫过于将22.7万字的佛教经文和咒语上上下下、里里外外铸满了大钟的每一寸表面。明成祖晚年潜心撰写《诸佛世樽如来菩萨樽者神僧名经》40卷。其中前20卷便铸在永乐大钟上。

钟上的铸字还有许多其他汉文佛经和梵文佛咒。23万字的版面，安排得如此匀称整齐，从头至尾绝无空白，又一字不多一字不少，真要经过一番精心的运筹和计算。

永乐大钟作为一个发声装置，体现在几何形状大致固定的情况下，单靠厚度的变化就能带来极为丰富的泛音。重击一次，钟声持续时间可达3分钟之久，可以传出四五千米之远。最后绕梁不绝的余音是最低的基音，总带着庄严的嗡嗡之声。

永乐大钟外形设计简洁、流畅，外壁"中宫"均匀地铸有6道平行环形线，最上面的一道环形线在"钟肩"位置，最下面的一道平行环形线与钟裙上沿波曲弧弦纹局部呈有规律靠近但并未重叠状。

区分钟体的"中宫"与"钟裙"，可以用以划分"铭文圈"和美化"合范缝"。划分铭文圈的实用性是为了方便经文排版布局和句读的需要，能够增强佛经铭文感染力；美化合范缝指的是铸钟工艺的需要，运用若干条规整的平行环形线把其美化了。

永乐大钟上各个佛经的布局安排、起讫部位十分考究缜密，一些重要佛经的起讫部位大多安

佛教 最早的世界性宗教，距今3000多年，在东汉明帝时经丝绸之路正式传入我国。佛教是世界三大宗教中历史比较悠久、影响也比较大的一个宗教。佛教虽然来自印度，但其成熟和发展是在我国完成的，它既吸收了中国传统文化，又丰富了中国传统文化，具有博大精深的文化内涵。

■ 明代梅花纹铜插花

万历平播鼎

排在钟体的东方，不仅如此，《诸佛名经》在钟体外壁各"铭文圈"的衔接部位，以及在钟壁内外"三进三出"的出发点和回归点，大多也在各铭文圈的东方。

1577年，北京西郊新的皇家寺院万寿寺建成，万历皇帝想起了沉寂150多年的永乐大钟，他下令把汉经厂的永乐大钟迁到万寿寺。

1733年，北京城北的觉生寺建成，有一位大臣想起了万寿寺里的永乐大钟，就建议把永乐大钟移至觉生寺。雍正皇帝立即颁旨迁大钟至觉生寺，后称大钟寺。

明、清两朝，每逢辞旧迎新之际，大钟寺的和尚都要敲钟108下。据说一是因为一年有12个月、24个节气、72个候；二是因为佛教认为人有108种烦恼，敲108下钟，人听了钟声便可消忧解愁。

阅读链接

唐代诗人李顺在《古从军行》中写道："行人刁斗风沙暗，公主琵琶幽怨多。野云万里无城郭，雨雪纷纷连大漠。"

说的是军人们背着镰斗在刮得昏天黑地的风沙中艰难行进，这时联想到汉代从这条路远嫁乌孙王的公主一路上弹奏的琵琶曲，一定是充满幽怨的。在荒无人烟的地方野营过夜，飘起弥漫天地的大雪，和远处的沙漠连成迷蒙一片。

这是作者对边塞和军旅生活的亲身体验，足以证明青铜镰斗是古代军队"昼炊饮食，夜击持行"随身携带的军旅炊器。

中华精神家园书系

建筑古蕴

壮丽皇宫：三大故宫的建筑壮景
宫殿怀古：古风犹存的历代华宫
古都遗韵：古都的厚重历史遗韵
千古都城：三大古都的千古传奇
王府胜景：北京著名王府的景致
府衙古影：古代府衙的历史遗风
古城底蕴：十大古城的历史风貌
古镇奇葩：物宝天华的古镇奇观
古村佳境：人杰地灵的千年古村
经典民居：精华浓缩的最美民居

古建之魂

千年名刹：享誉中外的佛教寺院
天下四绝：佛教的海内四大名刹
皇家寺院：御赐美名的著名古刹
寺院奇观：独特文化底蕴的名刹
京城宝刹：北京内外八刹与三山
道观杰作：道教的十大著名宫观
古塔瑰宝：无上玄机的魅力古塔
宝塔珍品：巧夺天工的非常古塔
千古祭庙：历代帝王庙与名臣庙

古建涵蕴

天下祭坛：北京祭坛的绝妙密码
祭祀庙宇：香火旺盛的各地神庙
绵延祠庙：传奇神人的祭祀圣殿
至尊尊崇：文化浓厚的孔孟祭地
人间天宫：非凡造诣的妈祖庙宇
祠庙典范：最具人文特色的祭祠
绝代王陵：气势恢宏的帝王陵园
王陵雄风：空前绝后的地下城堡
大宅揽胜：宏大气派的大户宅第
古街韵味：古色古香的千年古街

古建风雅

皇家御苑：非凡胜景的皇家园林
非凡胜景：北京著名的皇家园林
园林精粹：苏州园林特色与名园
秀美园林：江南园林特色与名园
园林千姿：岭南园林特色与名园
雄丽之园：北方园林特色与名园
亭台情趣：迷人的典型精品古建
楼阁雅韵：神圣典雅的古建象征
三大名楼：文人雅士的汇聚之所
古建古风：中国古典建筑与标志

文化遗迹

远古人类：中国最早猿人及遗址
原始文化：新石器时代文化遗址
王朝遗韵：历代都城与王城遗址
考古遗珍：中国的十大考古发现
陵墓遗存：古代陵墓与出土文物
石窟奇观：著名石窟与不朽艺术
石刻神工：古代石刻与文化艺术
岩画古韵：古代岩画与艺术特色
家居古风：古代建材与家居艺术
古道依稀：古代商贸通道与交通

物宝天华

青铜时代：青铜文化与艺术特色
玉石之国：玉器文化与艺术特色
陶器寻古：陶器文化与艺术特色
瓷器故乡：瓷器文化与艺术特色
金银生辉：金银文化与艺术特色
珐琅精工：珐琅器与文化之特色
琉璃古风：琉璃器与文化之特色
天然大漆：漆器文化与艺术特色
天然珍宝：珍珠宝石与艺术特色
天下奇石：赏石文化与艺术特色

古迹奇观

玉宇琼楼：分布全国的古建筑群
城楼古景：雄伟壮丽的古代城楼
历史开关：千年古城墙与古城门
长城纵览：古代浩大的防御工程
长城关隘：万里长城的著名关卡
雄关漫道：北方的著名古代关隘
千古要塞：南方的著名古代关隘
桥的国度：穿越古今的著名桥梁
古桥天姿：千姿百态的古桥艺术
水利古貌：古代水利工程与遗迹

山水灵性

母亲之河：黄河文明与历史渊源
中华巨龙：长江文明与历史渊源
江河之美：著名江河的文化源流
水韵雅趣：湖泊泉瀑与历史文化
东岳西岳：泰山华山与历史文化
五岳名山：恒山衡山嵩山的文化
三山美名：三山美景与历史文化
佛教名山：佛教名山的文化流芳
道教名山：道教名山的文化流芳
天下奇山：名山奇迹与文化内涵

自然遗产

天地厚礼：中国的世界自然遗产
地理恩赐：地质蕴含之美与价值
绝美景色：国家综合自然风景区
地质奇观：国家自然地质风景区
无限美景：国家自然山水风景区
自然名胜：国家自然名胜风景区
天然生态：国家综合自然保护区
动物乐园：国家动物自然保护区
植物王国：国家保护的野生植物
森林景观：国家森林公园大博览

西部沃土

古朴秦川：三秦文化特色与形态
龙兴之地：汉水文化特色与形态
塞外江南：陇右文化特色与形态
人类敦煌：敦煌文化特色与形态
巴山风情：巴渝文化特色与形态
天府之国：蜀文化的特色与形态
黔风贵韵：黔贵文化特色与形态
七彩云南：滇云文化特色与形态
八桂山水：八桂文化特色与形态
草原牧歌：草原文化特色与形态

东部风情

燕赵悲歌：燕赵文化特色与形态
齐鲁儒风：齐鲁文化特色与形态
吴越人家：吴越文化特色与形态
两淮之风：两淮文化特色与形态
八闽魅力：福建文化特色与形态
客家风采：客家文化特色与形态
岭南灵秀：岭南文化特色与形态
潮汕之根：潮州文化特色与形态
滨海风光：琼州文化特色与形态
宝岛台湾：台湾文化特色与形态

中部之魂

三晋大地：三晋文化特色与形态
华夏之中：中原文化特色与形态
陈楚风韵：陈楚文化特色与形态
地方显学：徽州文化特色与形态
形胜之区：江西文化特色与形态
淳朴湖湘：湖湘文化特色与形态
神秘湘西：湘西文化特色与形态
瑰丽楚地：荆楚文化特色与形态
秦淮画卷：秦淮文化特色与形态
冰雪关东：关东文化特色与形态

节庆习俗

普天同庆：春节习俗与文化内涵
张灯结彩：元宵习俗与彩灯文化
寄托哀思：清明祭祀与寒食习俗
粽情端午：端午节与赛龙舟习俗
浪漫佳期：七夕节俗与妇女乞巧
花好月圆：中秋节俗与赏月之风
九九踏秋：重阳节俗与登高赏菊
千秋佳节：传统节日与文化内涵
民族盛典：少数民族节日与内涵
百姓聚欢：庙会活动与赶集习俗

民风根源

血缘脉系：家族家谱与家庭文化
万姓之根：姓氏与名字号及称谓
生之由来：生庚生肖与寿诞礼俗
婚事礼俗：嫁娶礼俗与结婚喜庆
人生遵俗：人生处世与礼俗文化
幸福美满：福禄寿喜与五福临门
礼仪之邦：古代礼制与礼仪文化
祭祀庆典：传统祭典与祭祀礼俗
山水相依：依山傍水的居住文化

衣食天下

衣冠楚楚：服装艺术与文化内涵
凤冠霞帔：佩饰艺术与文化内涵
丝绸锦缎：古代纺织精品与布艺
绣美中华：刺绣文化与四大名绣
以食为天：饮食历史与筷子文化
美食中国：八大菜系与文化内涵
中国酒道：酒历史酒文化的特色
酒香千年：酿酒遗址与传统名酒
茶道风雅：茶历史茶文化的特色

国风美术

丹青史话：绘画历史演变与内涵
国画风采：绘画方法体系与类别
独特画派：著名绘画流派与特色
国画瑰宝：传世名画的绝色魅力
国风长卷：传世名画的大美风采
艺术之根：民间剪纸与民间年画
影视鼻祖：民间皮影戏与木偶戏
国粹书法：书法历史与艺术内涵
翰墨飘香：著名书法名作与艺术
行书天下：著名行书精品与艺术

汉语之魂

汉语源流：汉字汉语与文章体类
文学经典：文学评论与作品选集
古老哲学：哲学流派与经典著作
史册汗青：历史典籍与文化内涵
统御之道：政论专著与文化内涵
兵家韬略：兵法谋略与文化内涵
文苑集成：古代文献与经典专著
经传宝典：古代经传与文化内涵
曲苑音坛：曲艺说唱项目与艺术
曲艺奇葩：曲艺伴奏项目与艺术

博大文学

神话魅力：神话传说与文化内涵
民间相传：民间传说与文化内涵
英雄赞歌：四大英雄史诗与内涵
灿烂散文：散文历史与艺术特色
诗的国度：诗的历史与艺术特色
词苑漫步：词的历史与艺术特色
散曲奇葩：散曲历史与艺术特色
小说源流：小说历史与艺术特色
小说经典：著名古典小说的魅力

歌舞共娱

古乐流芳： 古代音乐历史与文化
钧天广乐： 古代十大名曲与内涵
八音古乐： 古代乐器与演奏艺术
鸾歌凤舞： 古代大曲历史与艺术
妙舞长宫： 舞蹈历史与文化内涵
体育古项： 体育运动与古老项目
民俗娱乐： 民俗运动与古老项目
刀光剑影： 器械武术种类与文化
快乐游艺： 古老游艺与文化内涵
开心棋牌： 棋牌文化与古老项目

戏苑杂谈

梨园春秋： 中国戏曲历史与文化
古戏经典： 四大古典悲剧与喜剧
关东曲苑： 东北戏曲种类与艺术
京津大戏： 北京与天津戏曲艺术
燕赵戏苑： 河北戏曲种类与艺术
三秦戏苑： 陕西戏曲种类与艺术
齐鲁戏台： 山东戏曲种类与艺术
中原曲苑： 河南戏曲种类与艺术
江淮戏话： 安徽戏曲种类与艺术

梨园谱系

苏沪大戏： 江苏上海戏曲与艺术
钱塘戏话： 浙江戏曲种类与艺术
荆楚戏台： 湖北戏曲种类与艺术
潇湘梨园： 湖南戏曲种类与艺术
滇黔好戏： 云南贵州戏曲与艺术
八桂梨园： 广西戏曲种类与艺术
闽台戏苑： 福建戏曲种类与艺术
粤琼戏话： 广东戏曲种类与艺术
赣江好戏： 江西戏曲种类与艺术

科技回眸

创始发明： 四大发明与历史价值
科技首创： 万物探索与发明发现
天文回望： 天文历史与天文科技
万年历法： 古代历法与岁时文化
地理探究： 地学历史与地理科技
数学史鉴： 数学历史与数学成就
物理源流： 物理历史与物理科技
化学历程： 化学历史与化学科技
农学春秋： 农学历史与农业科技
生物寻古： 生物历史与生物科技

千秋教化

教育之本： 历代官学与民风教化
文武科举： 科举历史与选拔制度
教化于民： 太学文化与私塾文化
官学盛况： 国子监与学宫的教育
朗朗书院： 书院文化与教育特色
君子之学： 琴棋书画与六艺课目
启蒙经典： 家教蒙学与文化内涵
文房四宝： 纸笔墨砚及文化内涵
刻印时代： 古籍历史与文化内涵
金石之光： 篆刻艺术与印章碑石

传统美德

君子之为： 修身齐家治国平天下
刚健有为： 自强不息与勇毅力行
仁爱孝悌： 传统美德的集中体现
谦和好礼： 为人处世的美好情操
诚信知报： 质朴道德的重要表现
精忠报国： 民族精神的巨大力量
克己奉公： 强烈使命感和责任感
见利思义： 崇高人格的光辉写照
勤俭廉政： 民族的共同价值取向
笃实宽厚： 宽厚品德的生活体现

文化标记

龙凤图腾： 龙凤崇拜与舞龙舞狮
吉祥如意： 吉祥物品与文化内涵
花中四君： 梅兰竹菊与文化内涵
草木有情： 草木美誉与文化象征
雕塑之韵： 雕塑历史与艺术内涵
壁画遗韵： 古代壁画与古墓丹青
雕刻精工： 竹木骨牙角匏与工艺
百年老号： 百年企业与文化传统
特色之乡： 文化之乡与文化内涵

悠久历史

古往今来： 历代更替与王朝千秋
天下一统： 历代统一与行动韬略
太平盛世： 历代盛世与开明之治
变法图强： 历代变法与图强革新
古代外交： 历代外交与文化交流
选贤任能： 历代官制与选拔制度
法治天下： 历代法制与公正严明
古代税赋： 历代赋税与劳役制度
三农史志： 历代农业与土地制度
古代户籍： 历代区划与户籍制度

历史长河

兵器阵法： 历代军事与兵器阵法
战事演义： 历代战争与著名战役
货币历程： 历代货币与钱币形式
金融形态： 历代金融与货币流通
交通巡礼： 历代交通与水陆运输
商贸纵观： 历代商业与市场经济
印纺工业： 历代纺织与印染工艺
古老行业： 三百六十行由来发展
养殖史话： 古代畜牧与古代渔业
种植细说： 古代栽培与古代园艺

杰出人物

文韬武略： 杰出帝王与励精图治
千古忠良： 千古贤臣与爱国爱民
将帅传奇： 将帅风云与文韬武略
思想宗师： 先贤思想与智慧精华
科学鼻祖： 科学精英与求索发现
发明巨匠： 发明天工与创造英才
文坛泰斗： 文学大家与传世经典
诗神巨星： 天才诗人与妙笔华篇
画界巨擘： 绘画名家与绝代精品
艺术大家： 艺术大师与杰出之作

信仰之光

儒学根源： 儒学历史与文化内涵
文化主体： 天人合一的思想内涵
处世之道： 传统儒家的修行法宝
上善若水： 道教历史与道教文化

强健之源

中国功夫： 中华武术历史与文化
南拳北腿： 武术种类与文化内涵
少林传奇： 少林功夫历史与文化